© 1995, Éditions Michalon
18, rue du Dragon 75006 Paris
ISBN 2-84186-006-X

ITINÉRAIRES D'UNE VIE : E. M. CIORAN

SUIVI DE

LES CONTINENTS DE L'INSOMNIE
ENTRETIEN AVEC E. M. CIORAN

GABRIEL LIICEANU

ITINÉRAIRES D'UNE VIE : E. M. CIORAN

SUIVI DE

LES CONTINENTS DE L'INSOMNIE
ENTRETIEN AVEC E. M. CIORAN

*TRADUIT DU ROUMAIN
PAR ALEXANDRA LAIGNEL-LAVASTINE*

ÉDITIONS MICHALON

Signature. 1946.

« J'ai remarqué que plus d'un esprit averti
s'est trompé, en ce qui me concerne, de diagnostic.
J'ai tout fait pour susciter des malentendus,
des jugements ingénieux et séduisants
mais infondés. Les autres portent d'habitude
un masque pour s'agrandir ;
moi, pour me diminuer. »

(Lettre à Gabriel Liiceanu, 28 juin 1983).

Gica, Emil et Aurel Cioran,
vers 1913.

ITINÉRAIRES D'UNE VIE :
E. M. CIORAN

Paris, quartier Latin, « dans une des mansardes de la terre [1] » : l'histoire empoisonnée de notre fin de millénaire s'est déroulée hors de cet espace indiciblement modeste, mais c'est là, sous les combles du 21 de la rue de l'Odéon, que naquit l'œuvre vouée à devenir la conscience de notre malheur. Son auteur, un Nietzsche contemporain passé par l'école des moralistes français, fut tour à tour considéré comme le « sceptique de service d'un monde à son déclin », le nihiliste du siècle, *the king of pessimists*. Lui-même se disait, à vingt ans, spécialiste du problème de la mort et, plus tard, un étranger pour la police, pour Dieu et pour lui-même. Il avait demandé qu'on finance ses insomnies, s'obligeant en retour à dissiper toute illusion et à conserver, inaltérée, la mémoire du néant. Qui est ce personnage venu de Roumanie à propos duquel on continuait, en 1979,

Aurel Cioran
à 5 ans.

---

1. E. M. Cioran, *Précis de décomposition*, Paris, Tel / Gallimard, 1980, p. 85.

à affirmer qu'il arriva en France à l'âge de dix-neuf ou vingt ans sans n'avoir jamais écrit un seul mot en roumain [2] ? Ce « métèque » poursuivi par ses origines – pour reprendre ses propres mots – qui décida finalement de s'en émanciper pour pouvoir parler équitablement du monde, de Dieu et de lui-même, qui est-il donc ?

« CE MAUDIT, CE SPLENDIDE RASINARI »

Emil Cioran, le deuxième-né d'Emilian Cioran et d'Elvira Comaniciu, voit le jour le 8 avril 1911 à Rasinari, village de bergers et de bûcherons de Transylvanie (le pays d'au-delà des forêts) qui, pour un Occidental, évoque familièrement la légendaire patrie de Dracula. Son père est prêtre orthodoxe au village tandis que son grand-père paternel, Serban Cioran, y occupe la fonction d'économe. Son grand-père maternel, Gheorghe Comaniciu, originaire de la région de Fagaras, reçut le titre de baron sous l'Empire austro-hongrois où il faisait office de notaire public.

« Ce maudit, ce splendide Rasinari », dont l'image s'est imposée à Cioran comme *le* lieu qui a marqué définitivement son existence, est l'une des plus vieilles localités de Transylvanie. Un document de 1488, puis des chroniques de provenance saxonne, en font remonter l'origine au règne du roi des Huns, Attila, à une époque en tout cas bien antérieure à l'implantation des Saxons en Transylvanie qui fondèrent, au cours de la seconde moitié du XIIIe siècle, la principale cité de la région – la *villa Hermanni* – *Hermannstadt*, Sibiu en roumain. D'après la tradition historiographique locale, le premier document attestant de l'existence du village daterait de 1204. Jusqu'à la fin du XIVe siècle, Rasinari, village de frontière situé à quelques kilomètres de Sibiu, passe à plusieurs reprises de la domi-

Emilian Cioran, le père de E. M. Cioran.

2. « Une Américaine à l'écoute de l'Europe », entretien avec Susan Sontag, *La Quinzaine littéraire*, 16-31 juillet 1979.

Le père de E. M. Cioran.

La mère de E. M. Cioran, Elvira Cioran, née Comaniciu.

" *Je pense souvent à notre mère, à tout ce qu'elle avait d'exceptionnel, à sa vanité (pourquoi pas ?), et surtout à sa mélancolie dont elle nous a transmis le goût et le poison.* " (Lettre à Aurel Cioran, 17 octobre 1967).

La famille Cioran. De gauche à droite : Aurel (le frère), Emilian (le père), Gica (la sœur), E. M. Cioran et Elvira (la mère).

Gica, la sœur de E. M. Cioran.

" *Avec vingt-cinq de tension, ma sœur fumait cent cigarettes par jour : un suicide, ou tout comme ; son fils, lui, s'est suicidé carrément, cependant que, à l'autre bout de l'Europe, je me bornais, moi, au rôle modeste de théoricien du suicide.* " (Lettre à Constantin Noïca, 9 avril 1980).

nation des rois hongrois à celle des voïvodes roumains. Il est ensuite soumis à l'autorité hongroise jusqu'en 1920, date à laquelle le traité de Trianon entérine le rattachement de la Transylvanie au Vieux royaume de Roumanie.

Par quelle subtile alchimie cette saga, ponctuée d'épisodes parfois dramatiques, a-t-elle perdu ses contours locaux pour participer à la généalogie abstraite d'un immémorial soupir ? « Cette foule d'ancêtres qui se lamentent dans mon sang...[3] »; la conviction qu'un inépuisable capital d'inquiétude, de tristesse et d'infortune se serait accumulé dans sa famille n'a jamais quitté Cioran. « Je suis en effet *unzufrieden*, mais je l'ai toujours été, et c'est là un mal dont nous avons toujours souffert dans notre famille, tourmentée, anxieuse [4]. » – « Dans notre famille le *nenoroc* [la malchance] n'est pas un concept vide, mais tout ce qu'il y a de plus concret [5]. » Le souvenir de sa mère est étroitement associé à sa mélancolie, « dont elle nous a transmis le goût et le poison [6]. »

Avec son frère cadet, Aurel Cioran, il s'est aussi toujours senti apparenté en matière d'abîme. Entre ces deux êtres – la volupté du verbe accompagnée d'une jovialité apparemment frivole d'Emil et le mutisme monumental ponctué de sourires absents et énigmatiques d'Aurel –, la parenté est pourtant peu manifeste. « Nous souffrons du même mal tous les deux mais lui, taciturne de naissance, n'a pas accès au verbe, alors que, bavard impénitent, j'étale mes misères et, les convertissant en caprices, les compromets par là

Aurel Cioran.

E. M. Cioran à 17 ans.

3. E. M. Cioran, *Syllogismes de l'amertume*, Paris, Idées, Gallimard, 1976, p. 147.
4. Lettre à Aurel Cioran, 20 juin 1967. Les extraits de lettres cités dans ce texte proviennent dans leur grande majorité de la correspondance encore inédite de Cioran.
5. À Aurel Cioran, 23 novembre 1967. Dans une lettre adressée à son ami d'enfance, Bucur Tincu, Cioran explicite le concept de *nenoroc* qui, écrit-il, « signifie à la fois malchance quotidienne et malchance métaphysique (je devrais ajouter : historique) », 26 mars 1973.
6. À Aurel Cioran, 17 octobre 1967.

même [7]. » Tout l'itinéraire de Cioran va être marqué par cette grande *fatigue* de vivre (« La fatigue est la spécialité de ma famille [8]. ») et restera dominé par l'intolérable sensation d'un originel fardeau à porter. L'œuvre, à son tour, jaillit de cette attitude négative à l'égard de l'existence, du mal *prescrit* que nous actualisons par le fait même de notre naissance.

Il fallait cependant que la vie de Cioran comportât une période de bonheur à partir de laquelle la chute pût être exaltée et accéder à sa véritable dimension. Les dix premières années passées à Rasinari, avant son départ pour Sibiu où il entame ses études secondaires, restent gravées, dans la mémoire de Cioran, comme la réplique même du paradis terrestre (« Si le mot paradis a un sens, il s'applique à cette période-là de ma vie [9] »), le reste n'étant plus que glissement progressif hors de cette inaugurale plénitude. « Pas un seul instant, note-t-il, où je n'aie été conscient de me trouver hors du paradis [10]. »

La topographie de cet espace privilégié comprend quelques repères fixes : d'abord, la ruelle de l'enfance qui s'ouvre avec la maison même des Cioran. De la fenêtre, on voit la Grand-Rue et la rivière Caselor. En face du portail, s'étendent les marches menant à l'ancienne église uniate. Du clocher de celle-ci, les regards plongent dans la cour de la maison, et l'on aperçoit au

Rasinari. La ruelle de l'enfance et la rivière Caselor.

---

[7]. Cioran poursuit : « Ce qui, de toute évidence, joue contre moi c'est mon comportement frivole tant en présence d'amis que d'inconnus. D'où l'impression de jeu, de comédie, d'inauthenticité. [...] Il est indubitable qu'il existe une cassure entre ce que je pense et ce que je parais être. » À Gabriel Liiceanu, 28 juin 1983.

[8]. Lettre à Constantin Noïca, Paris, 29 décembre 1979. Constantin Noïca (1909-1987), compagnon de génération d'E. M. Cioran, est considéré comme un des plus grands philosophes roumains contemporains. Resté en Roumanie, il a été condamné à plusieurs années de prison et d'assignation à résidence après la guerre. Il est l'auteur de plus d'une vingtaine d'ouvrages, dont *Les Six maladies de l'esprit contemporain*, Paris, Critérion, 1991 (traduit du roumain par Ariadna Iuhas-Cornea Combes); voir aussi « Réponse d'un ami lointain et souvenirs sur Cioran », dans *L'Ami lointain. Correspondance Noïca-Cioran*, Paris, Critérion, 1991 (N.d.t.).

[9]. À Aurel Cioran, 24 août 1971.

[10]. E. M. Cioran, *De l'inconvénient d'être né*, Paris, Gallimard, 1973, p. 40.

L'église orthodoxe.

L'école primaire de Rasinari.

" Je me souviens de ce garçon très bien, il faisait partie de notre enfance. Te rappelles-tu le jour où il était allé frotter l'école avec du lard pour que les chiens la mangent ? "
(Lettre à Aurel Cioran, 26 février 1969).

loin la colline évoquée par Cioran sa vie durant, la fameuse Coasta Boacii, qui surplombe le village. La ruelle débouche sur une petite place encadrée à gauche par l'école primaire, une des plus anciennes de Transylvanie, et à droite par la Vieille-Eglise où officiait le prêtre Emilian Cioran. De la place, le chemin enjambe la rivière et serpente jusqu'au cimetière du village. Près de celui-ci, avoisinant les premières tombes, la famille possédait un verger où, l'été, l'enfant se rendait chaque jour : « Combien de fois ai-je tenu compagnie au fossoyeur ! Vous ne sauriez vous figurer à quel point sont restées dans ma mémoire toutes ces images : entre elles et moi s'interpose, sans les affaiblir, une période imbécile, qu'on a honte d'avoir vécue [11]. »

Cioran expliquera plus tard que sa petite enfance, en ce qu'elle eut précisément d'extraordinaire, s'est peu à peu détachée de la trame centrale de son existence pour revêtir la prestance d'une sorte de vie antérieure [12]. Lui-même retrace l'origine de son pessimisme en insistant sur le choc désastreux né du contraste entre le bonheur total des premières années et ce qui s'ensuivit : « Si j'avais eu une enfance triste, mes pensées auraient pris un tour beaucoup plus optimiste. Ce contraste m'a, d'une certaine manière, ruiné intérieurement [13]. » L'éloge de l'enfance, heureuse en vertu même de son innocence, trouve au sein de l'œuvre sa correspondance directe à travers l'exaltation des états pré-cognitifs [14] qui sont propres à la phase qui précède la chute dans le temps dans l'ordre mythique, à l'existence pré-langagière [15] dans l'ordre naturel, à la com-

---

[11]. À Gabriel Liiceanu, 12 février 1983.
[12]. Voir légende p.15.
[13]. Entretien avec Helga Perz, *Süddeutsche Zeitung,* 7-8 octobre 1978.
[14]. « La conscience est bien plus que l'écharde, elle est le poignard dans la chair. » *De l'inconvénient d'être né, op. cit.,* p. 61.
[15]. « Il vaut mieux être animal qu'homme, insecte qu'animal, plante qu'insecte, et ainsi de suite. Le salut ? Tout ce qui amoindrit le règne de la conscience et en compromet la suprématie », *Ibid.,* p. 42.

La maison et la cour des Cioran.

" *Tout ce qui regarde mon village me touche profondément, j'ai une impression d'irréalité, de quelque chose d'infiniment lointain, comme s'il s'agissait d'une vie antérieure.* "

(Lettre à Bucur Tincu, 1er septembre 1971).

Rasinari. La rivière, le verger et le cimetière.
*" Je me souviens si bien du cimetière de Rasinari
que je pourrais t'indiquer l'emplacement de telle ou telle tombe. "*
(Lettre à Aurel Cioran, 3 décembre 1973).

La colline Coasta Boacii qui surplombe Rasinari.
*" Je vois plus distinctement Coasta Boacii
que les jardins du Luxembourg où je me promène tous les jours. "*
(Lettre à Bucur Tincu, 23 décembre 1980).

*" Avec l'âge, quel relief prennent nos premières années !
À la vérité, il faudrait vivre et mourir là où on a vu le jour. "*
(Lettre à Bucur Tincu, 19 février 1985).

*" Je me suis ennuyé partout.
À quoi bon avoir quitté Coasta Boacii ? "*
(Lettre à Aurel Cioran, 6 février 1979).

E. M. Cioran à 14 ans.

munion avec la nature par opposition à la vie civilisée dans l'ordre humain (« N'importe quel berger me semble préférable à un intellectuel parisien [16] »). Toujours hanté par cette époque bénie, il confesse en 1973 à son ancien camarade de jeu Bucur Tincu : « [...] Combien je souhaiterais revoir rue par rue, coin par coin, ce maudit, ce splendide Rasinari, et qu'on finisse la journée ensemble dans quelque taverne s'il en existe encore ! »

En 1921, il est chassé du paradis [17]. L'enfant est placé dans une famille saxonne, à Sibiu, où on l'inscrit au lycée Gheorghe-Lazar. En 1924, le prêtre Emilian Cioran, nommé protopope de la ville, s'installe avec toute sa famille au numéro 11 de la rue Tribuna. À l'âge de quinze ans, Cioran, alors en classe de seconde, commence à lire philosophes et écrivains. On trouve, méticuleusement recopiées dans un de ses cahiers d'études de l'époque, daté du 10 décembre 1926, des citations en français ou en roumain de Diderot, d'Eminescu, de Balzac, de Tagore, de Soloviev, de Lichtenberg, de Dostoïevski, de Flaubert, de Schopenhauer, de Nietzsche. Avec le temps, ces lectures deviendront une forme d'existence : « À travers

DE SIBIU À BUCAREST : LES RÉVÉLATIONS DE LA NUIT.

Sibiu. Vue générale (1920).

[16]. « Plus on est primitif, plus on est proche d'une sagesse originelle que les civilisés ont perdue. Le bourgeois occidental est un imbécile qui ne pense qu'à l'argent. N'importe quel berger de chez nous est plus philosophe qu'un intellectuel d'ici. » À Aurel Cioran, 6 avril 1972. Même thème dans l'entretien accordé à Fritz J. Raddatz : « Je pense aujourd'hui qu'il aurait été infiniment préférable pour moi d'être resté aide-berger dans le petit village d'où je viens. J'aurais compris l'essentiel aussi bien que maintenant. Je serais resté là-bas plus près de la vérité. [...] Il aurait mieux valu que je vive auprès des animaux, en compagnie d'hommes simples, des bergers surtout. Lorsque je me rends dans des endroits primitifs et que j'échange avec des gens simples, j'ai immanquablement l'impression que la vérité est de leur côté. [...] La culture, la civilisation sont superflues au regard de l'essentiel. Il n'est pas nécessaire d'être cultivé pour comprendre la nature et la vie. » *Die Zeit*, 4 avril 1986.
[17]. « Pendant dix ans, j'ai traîné, du matin au soir, dans une manière de paradis. Quand il fallut le quitter pour aller à Sibiu, dans la voiture à cheval qui m'y menait, j'ai connu une crise de désespoir dont je garde toujours le souvenir. » À Gabriel Liiceanu, 1er novembre 1987.

Sibiu.
Le lycée Gheorge-Lazar.

Les remparts de Sibiu.

" Cela m'a fait plaisir de contempler les murailles de la forteresse. Combien de livres n'aurais-je pas lus sur les bancs de la promenade d'en - haut ! Le plus difficile de tous, ce fut La Critique du Jugement. *Des journées et des journées j'ai peiné là-dessus. J'étais sérieux à l'époque. "*
(Lettre à Aurel Cioran, 11 avril 1979).

E. M. Cioran à 19 ans.

Sibiu. Le portail de la maison.

Sibiu. Le fronton de la maison.

Sibiu. La rue des remparts.

" *Ma fidélité aux rues de Sibiu demeure inaltérable. Quand tu es tenté de maudire ton sort, dis-toi que tu habites une des plus belles villes qui soient. Paris est devenu un garage apocalyptique. Quel cauchemar !* "
(Lettre à Aurel Cioran, 5 avril 1978).

La bibliothèque Astra.

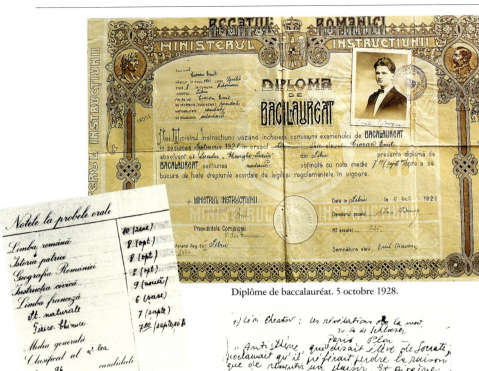

Diplôme de baccalauréat. 5 octobre 1928.

Relevé de notes des épreuves orales du baccalauréat. Roumain : 10 / 10 Français : 9 / 10 - Histoire : 8 / 10, etc. Reçu deuxième sur 96 candidats.

Note de lecture.
" Je lisais surtout les philosophes et les esthéticiens allemands : Georg Simmel, Wölfflin, Worringer. Georg Simmel reste pour moi un des plus grands. [...] En plus des spiritualistes allemands, je lisais aussi les russes, Léon Chestov par exemple. "
Dans François Bondy, *Gespräche*, Vienne, 1972, p. 111.

les années, pour fuir mes responsabilités, j'ai lu, j'ai lu n'importe quoi des heures durant chaque jour. Je n'en ai tiré aucun bénéfice évident, sinon que j'ai réussi à me donner l'illusion d'une activité. Peu de gens ont dévoré autant de livres que moi. Dans ma première jeunesse, ne me séduisaient que les bibliothèques et les bordels [18]. »

A dix-sept ans, lorsqu'il s'inscrit à la faculté de lettres et de philosophie de Bucarest (nous sommes en 1928), Cioran est un adolescent terrible (« J'étais semblable à un démon »), ravagé par des crises d'insomnie (« Il m'arrivait de ne pas fermer l'œil pendant des semaines [19] ») et obsédé par la mort (« J'y pensais à chaque instant, même à table [20] »). Quelques années plus tard, il note dans son premier ouvrage, au jour de son vingt-deuxième anniversaire : « J'éprouve une étrange sensation à la pensée d'être, à mon âge, un spécialiste du problème de la mort [21]. »

Bucarest (1920).

Ses années de faculté (1928-1932), Cioran les consacre essentiellement à la lecture de la philosophie et de l'histoire de l'art allemandes : Schopenhauer [22], Nietzsche, Simmel, Wölfflin, Kant [23], Fichte, Hegel,

---

18. À Constantin Noïca, 15 janvier 1975.
19. *De l'inconvénient..., op. cit.,* p. 131. « Pendant des heures je me promenais la nuit, semblable à un fantôme ; les gens pensaient que j'avais l'esprit dérangé," *Ein Gespräch,* Tübingen, Rive Gauche, 1984, p. 20.
20. Entretien du *Süddeutsche Zeitung, déjà cité.*
21. E. M. Cioran, *Sur les cimes du désespoir,* Paris, L'Herne, 1990, p. 21 (traduit du roumain par André Vornic, revu par Christiane Frémont).
22. Cioran a voué à Schopenhauer une admiration constante. Son ami parisien Gabriel Matzneff reproduit ce témoignage, extrait d'une lettre que lui adressa Cioran : « Je n'ai pas assez de mots pour vous féliciter de la façon dont vous avez pris la défense de notre grand Patron [il s'agit de Schopenhauer], boycotté par le troupeau des utopistes, pour ne rien dire de celui des philosophes. » À Gabriel Matzneff, « Cioran : L'immense écrivain que vous ne connaissez pas. » *Le Figaro-Magazine,* 31 janvier 1987.
23. Une carte postale représentant les vieux remparts de Sibiu réveille en Cioran, âgé de soixante huit ans, le souvenir suivant : « Combien de livres n'aurais-je pas lus sur les bancs de la promenade d'en-haut ! Le plus difficile de tous, ce fut *La Critique du jugement.* Des journées et des journées j'ai peiné là-dessus. J'étais sérieux à l'époque. » À Aurel Cioran, 11 avril 1979.

Vacances pendant les études universitaires.
1928-1932.

À Genève, en 1932.

E. M. Cioran pendant son service militaire dans l'artillerie, en 1936.

Husserl, mais aussi Bergson et Chestov [24]. Au terme de ce parcours, son option est claire : contre tous les formalismes, contre les subtilités logiques et les distinctions abstraites non engagées au plan existentiel, Cioran n'accordera de valeur qu'à une pensée issue des grandes tensions de la vie, des obsessions organiques, des révélations de la solitude et de la nuit. Au cours de l'année 1932, ses premières contributions aux revues de l'époque [25] développent sur un ton aussi lyrique que provocateur ces idées-programmes. Leurs titres sont d'ailleurs éloquents : « Assez de clarté ! », diatribe contre le « Sentiment français de l'existence »; « Éloge des hommes passionnés », « Les Révélations de la douleur », « Sur les états dépressifs », « La Conscience et la vie », « L'Idéocratie [26] », sur la tyrannie des formes stérilisantes et le dogmatisme des systèmes, étrangers au sentiment de l'irréparable, à la rupture de l'équilibre vital, aux forces originaires surgies des profondeurs de l'être. Dans cette perspective, écrire cesse d'être une préoccupation culturelle pour devenir une thérapie, un moyen salutaire d'objectiver périodiquement ces terrifiantes obsessions que génère toute existence authentique (« L'Écriture comme moyen de libération ») [27]. Dans l'esprit de Cioran, une vertigineuse présomption de vide s'abat alors sur la philosophie. Produite par des « hommes sans tempérament et sans histoire », elle ignore *les misères du moi*. À vingt et un

---

25. *Calendarul, Florea de foc, Gândirea, Vremea, Azi,* etc.

26. Ces articles se trouvent rassemblés, avec d'autres, dans E. M. Cioran, Entretiens, Paris, Gallimard, 1995.

27. Cioran est resté toute sa vie fidèle à cette destination de l'écriture et l'a revendiquée à maintes reprises : « [...] écrire, si peu que ce soit, m'a aidé à passer d'une année à l'autre, les obsessions exprimées étant affaiblies et, à moitié, surmontées. Produire est un extraordinaire soulagement. Et publier non moins. Un livre qui paraît, c'est votre vie ou une partie de votre vie qui vous devient extérieure, qui ne vous appartient plus, qui a cessé de vous harasser. L'expression vous diminue, vous appauvrit, vous décharge du poids de vous-même, l'expression est perte de substance et libération. Elle vous vide, donc elle vous sauve, elle vous démunit d'un trop-plein encombrant. » E. M. Cioran, *Exercices d'admiration,* Paris, Gallimard, 1986, p. 212.

ans, sa décision d'en abandonner le prestige et l'arrogance au profit de l'expérience est sans appel [28]. Quand paraît, en 1934, *Sur les cimes du désespoir*, Cioran se trouve déjà engagé sur une voie dont il ne s'écartera plus jamais : celle de la quête infinie de soi. Les livres de Cioran ne furent que des stations sur le chemin d'une pensée n'ayant rien de commun avec le *Denkweg* des philosophes ; il ne part pas d'un principe abstrait, mais d'un *état d'esprit*, il ne déroule pas une idée, mais une obsession [29]. Il ne sera plus désormais question que du moi, non pas du moi vide des philosophes, mais du moi concret des écrivains, des poètes, des sceptiques, des moralistes, du moi des correspondances, des journaux intimes et des mémoires.

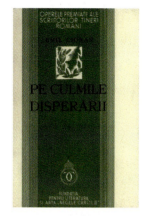

Édition originale de
Sur les cimes du désespoir, 1934.

Cette optique fera de Cioran un assez singulier professeur de philosophie. En 1936, il occupe en effet son premier et dernier poste d'enseignant, au lycée Andrei-Saguna de Brasov, où, à en croire son propre témoignage, il se taille bientôt une réputation de dément : « Je fus surpris un jour en train d'apprendre à mes élèves que tout est malade, y compris le principe d'identité [30]. » Ses philosophes de chevet restent

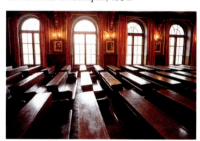

La salle de conférences du lycée Andrei-Saguna de Brasov.

E. M. Cioran à 23 ans.

---

28. « Cioran cavaliere del malumore », entretien avec Irene Bignardi, *La Repubblica*, 13 octobre 1982. Dans le même entretien, Cioran met sur le compte de ses longues crises d'insomnie sa découverte de l'inanité de la philosophie : « J'ai alors commencé à voir les choses sous une lumière différente. Jusque-là, j'avais cru aveuglément en la philosophie, j'étais fasciné par les grands systèmes – Kant, Hegel, Fichte. Mais à partir du moment où quelque chose me contraignit à la veille des nuits entières, où le jour et la nuit étaient pour moi devenus identiques, tandis que pour les autres commençait, chaque matin, une vie nouvelle – à partir de ce moment-là a pris corps en moi une continuité absolue, exaspérante. Cela m'a fait découvrir que la philosophie n'avait pas de réponse aux interrogations suscitées par cette expérience de la veille ininterrompue qui était la mienne. »

29. Les étapes de cette obsession, jusqu'à l'établissement définitif de l'auteur en France, sont les suivantes : *Sur les cimes du désespoir* (1934), *La Transfiguration de la Roumanie* (1936), *Le Livre des leurres* (1936), *Des larmes et des saints* (1937), *Le Crépuscule des pensées* (1940).

30. Entretien avec Irene Bignardi, *déjà cité*.

31. En dépit du rapprochement souvent opéré entre Cioran et Nietzsche, en vertu de leur fond nihiliste commun, de leur manière aphoristique de philosopher et d'une prétendue parenté entre leurs conceptions de l'histoire (voir notamment sur ce point

Diplôme
de licence.
28 juin 1932.

Bulletin de santé. Années 30.

" [...] La syphilis passait à l'époque pour une maladie prestigieuse. Si quelqu'un faisait preuve de la plus petite extravagance, on disait aussitôt : il a la syphilis. J'avais lu un livre à l'époque – intitulé Le Génie et la syphilis – dont l'auteur était yougoslave . [...] Il énumérait un grand nombre d'esprits particulièrement doués et atteints de cette maladie. J'étais très impressionné. Je voulais être syphilitique. Maman a insisté pour que je me fasse faire une analyse de sang. J'ai été voir un médecin qui m'a dit de revenir quelques jours plus tard. Mon état était contradictoire ; d'un côté, je n'aurais pas voulu perdre cette chance inespérée ; de l'autre, je préférais passer à côté.
Quand je suis retourné voir le médecin, celui-ci m'a annoncé d'un air triomphateur : " Vous avez le sang propre.
Vous ne vous réjouissez pas ?
- Pas tant que ça ", lui ai-je répondu. "
Entretien avec Gerd Bergfleth, dans Ein Gespräch, 1984.

Nietzsche [31] et Simmel, mais il se plonge aussi dans la lecture des moralistes français, de Baudelaire, de Proust, des mystiques espagnols et, surtout, de Shakespeare et de Dostoïevski. L'œuvre de ces deux derniers l'accompagnera sa vie durant [32].

Quels sont les hommes, rencontrés au cours de sa jeunesse, auxquels Cioran ne cessera par la suite de vouer une admiration sans faille ? On note que son intérêt s'est rarement porté sur des personnalités culturelles accomplies ou des auteurs en voie de consécration, mais, le plus souvent, sur des figures existentielles. Des hommes *intéressants en soi*, remarquables de par leur étrangeté ou leur regard inédit, par leur verve ou leur vocation à l'échec ; des hommes hors du commun qui faisaient de leur vie une œuvre d'art ; des génies informels, de ceux qui peuplent les catacombes de l'esprit et aux yeux desquels le succès ou la gloire ne représentent pas les points de passage obligés d'un projet de vie.

De Nae Ionescu lui-même – professeur adulé de la faculté de philosophie de Bucarest, figure emblématique de l'époque qui joue un rôle décisif dans l'engagement politique des plus brillants esprits de la Jeune Génération (M. Eliade, C. Noïca, Cioran lui-même) au côté de la Garde de fer, l'extrême droite roumaine de l'époque – Cioran retient surtout son inaccomplissement et son échec. De Paris, il écrit à Noïca, encore bouleversé par la disparition du professeur : « [...] Com-

Constantin Noïca (1909-1987) dans les années 30.

" *Dinu* [*Constantin*] *est un personnage étrange, déconcertant.* [...] *Même après l'apocalypse, il serait encore capable de parler... d'avenir.*" (Lettre à Aurel Cioran, 10 juillet 1971).

" *Quand un vaurien de lycéen, éternellement redoublant, se suicide, nos cœurs s'attristent. Mais quand un homme dont les tourments valent bien dix suicides se dresse nu devant la vie et devant la mort – nous disons qu'il ment. Ce n'est rien, Emil Cioran, tu mens. Mais tu peux continuer à mentir. Moi, je te crois.*" (Lettre de Constantin Noïca, 1934).

Susan Sontag, « Thinking Against Oneself », dans *Styles of Radical Will*, 1969), Nietzsche est resté, pour Cioran, une passion de première jeunesse, délaissée par la suite.

32. « Lorsque j'écrivais, à Brasov, mon livre sur les saints (*Des larmes et des saints*, Paris, L'Herne, 1986, trad. du roumain par Sanda Stolojan), Shakespeare était le seul auteur que je lisais massivement. » *Ein Gespräch, op. cit.*, p. 45. Le 8 septembre 1946, il écrit à Aurel Cioran : « Je lis beaucoup, en particulier Shakespeare et les grands poètes anglais. Tout est mensonge ou vulgarité, hormis la musique et la poésie ». Ou encore : « Je suis un lecteur enragé et en premier lieu un lecteur qui relit sans cesse. J'ai lu et relu Dostoïevski d'un bout à l'autre au moins cinq ou six fois », Entretien avec F. Bondy, *Gespräche, op. cit.*, p. 113.

Petre Tutea
dans les années 30.
*" Quel génie fulgurant.
J'ai connu beaucoup d'esprits
remarquables dont
quelques- uns étaient
de tout premier ordre : je n'ai
pas rencontré en tout cas
une intelligence aussi
incandescente que la sienne. "*
(Lettre à Bucur Tincu,
29 avril 1974).

ment pourrais-je *exprimer* cet homme ? Il participe indifféremment de notre intelligence et de nos vices, il incarne la formule individuelle de l'inaccomplissement de chacun d'entre nous. Toutes les fois que mon inefficacité me fait frissonner, je pense à lui, symbole de défections visibles et de transfigurations cachées, prototype actif démultiplié en notre impuissance. Ton adoration pour Nae, la mienne, celle des autres, fera de lui la plus haute figure de nos impossibilités, l'échec le plus fortifiant à partir duquel revigorer nos doutes [33]. »

Mais la grande figure de cette époque, évoquée sans relâche dans sa correspondance comme dans ses livres, reste pour Cioran celle de Petre Tutea [34], « cet ami génial », « l'homme le plus extraordinaire que j'ai jamais connu [35] ». Le 29 décembre 1973, Cioran écrit à Bucur Tincu : « Comme toi, je garde à Petrica [diminutif de Petre] la même admiration. Quel homme extraordinaire ! Avec sa verve hors pair, s'il avait vécu à Paris, il aurait aujourd'hui une réputation mondiale. Je parle souvent de lui comme d'un génie de notre temps, ou plutôt comme du seul esprit génial qu'il m'ait été donné de rencontrer dans ma vie. »

ÉLOGE DES EXCÈS. DES AFFRES DE L'INTÉRIORITÉ À L'ENGAGEMENT POLITIQUE.

Au sein de la Jeune Génération intellectuelle roumaine des années 1930, Cioran n'est pas seul à décréter le caractère inconciliable des systèmes philosophiques et de la vie. Dans cette capitale raffinée des Balkans qu'était le Bucarest de l'entre-deux-guerres, les idées débattues dans l'enceinte de l'université prenaient

---

[33]. À Constantin Noïca, 23 novembre 1941.
[34]. Penseur d'orientation orthodoxe, lui aussi élève de Nae Ionescu, Petre Tutea a passé treize années en prison sous le régime communiste. Il s'est éteint à l'âge de quatre-vingt-dix ans, à Bucarest, en 1991. Souvent qualifié de Socrate bucarestois par ceux qui l'ont connu, personnalité orale par excellence, il ne laissera que peu de textes derrière lui (N.d.t.).
[35]. À Aurel Cioran, 10 octobre et 31 octobre 1967.

corps dans les discussions de café et de salon. Pour Paul Morand, qui a bien connu Bucarest à l'époque, la légendaire brasserie Capsa de la Calea Victoriei réunissait les vertus du café Florian de Venise, du salon de thé Rumpelmayer, et de l'hôtel Sacher de Vienne [36]. C'est en ce lieu mythique des causeries infinies, où chacun pouvait tour à tour s'instituer chef – éphémère – de l'État ou de l'univers, que Cioran rencontre ces jeunes gens exaltés dont certains, comme Eugène Ionesco, Mircea Eliade, Benjamin Fondane ou Victor Brauner, allaient marquer plus tard, dans des domaines différents, la culture européenne. Pour l'heure, en cette époque troublée où vacillent les certitudes positivistes héritées de l'ordre ancien, une commune révolte rassemble cette bohème citadine contre la génération précédente qui, après avoir créé la Grande Roumanie de 1920, s'était à leurs yeux avachie dans l'unique ambition d'en faire une Suisse des Balkans. Le moment historique, dira plus tard Mircea Eliade, « exigeait une échappée hors des formules toutes faites, des choses apprises. [...] La guerre avait à nouveau posé le problème de l'homme – de sa liberté et de son salut [37]. »

C'est dans cet état d'esprit que, après avoir terminé ses études de philosophie par un mémoire sur l'intuitionnisme bergsonien – pour lequel il obtient les félicitations du jury –, Cioran part pour l'Allemagne comme boursier de la Fondation Humboldt. Berlin, fin 1933 : Cioran partage la conviction d'une partie de l'intelligentsia européenne qui voit dans la démocratie un système définitivement compromis. L'hitlérisme, dont il suit en direct l'ascension à Berlin et à Munich, lui semble apporter la promesse d'un « nouveau style de vie », où le culte de l'irrationnel et l'exaltation de la

Mircea Eliade dans les années 30. " *Nous sommes tous, Eliade en tête, des ci-devant croyants, nous sommes tous des esprits religieux sans religion.* " (*Exercices d'admiration*, 1986).

Benjamin Fondane. Disciple de Chestov et de Husserl. Mort déporté à Auschwitz en 1944. " *Un visage aux rides millénaires, nullement figées car animées par le tourment le plus contagieux et le plus explosif.* " (*Exercices d'admiration*, 1986).

---

36. Paul Morand, *Bucarest*, Paris, Plon, 1990, p. 163.
37. Mircea Eliade, « Le Professeur Nae Ionescu », dans le recueil *România în eternitate*, Bucarest, 1990, vol. II, p. 180.

Passeport roumain. 1934.

Carte d'étudiant de l'université Ludwig Maximilian de Munich. 1934.

vitalité sont appelés à jouer un rôle déterminant. Mais « qui sait si la vitalité de ce peuple ne va pas nous coûter cher », note-t-il de façon prémonitoire en décembre 1933. C'est aussi au cours de cette période que Cioran assiste aux séminaires de Ludwig Klages – figure de proue d'une critique de la *Zivilisation* issue de la philosophie de la Vie – « tempérament de condottiere », « l'homme le plus accompli de tous ceux qu'il m'a été donné de rencontrer jusqu'à présent [38] », dit-il. Cioran avouera plus tard avoir été bouleversé par l'hitlérisme, par « son caractère de fatalité, par sa dimension inexorablement collective, comme si tous, fanatisés jusqu'à l'imbécillité, se faisaient les instruments d'un devenir démoniaque. On *tombe* dans l'hitlérisme comme on tombe dans n'importe quel mouvement de masse à tendance dictatoriale. » Il contemple la métamorphose de tout un peuple en une « forêt fanatique [39] ». En Allemagne, confessera-t-il en 1937, « je me suis mis à étudier le bouddhisme afin de ne pas me laisser intoxiquer ou contaminer par l'hitlérisme [40]. » Le spectacle des grands rassemblements et des parades militaires lui inspire de dramatiques méditations sur la fragilité de l'instinct de liberté en l'homme. « Depuis que le monde est monde, les hommes ont aspiré à la liberté et exulté chaque fois qu'ils l'ont perdue. [...] Les mortels n'ont jamais idolâtré que ceux qui leur ont passé les chaînes. Qui ont-ils érigé en mythe ? Les bourreaux de leur liberté [41]. » La vision du Führer acclamé par les foules lui paraît participer d'une « volupté de l'agenouillement », d'une « étrange fureur de soumission ».

38. *Vremea*, 3 décembre 1933. Nicolai Hartmann, dont il suit aussi les séminaires, lui paraît en revanche incarner toute la philosophie universitaire et académique qu'il abhorre. Ce type d'appréciation demeure une constante chez Cioran : « Aristote, Thomas d'Aquin, Hegel - trois asservisseurs de l'esprit. La pire forme de despotisme est le système, en philosophie et en tout. » *De l'inconvénient...*, *op. cit.*, p. 142.
39. E. Cioran, « À la veille de la dictature », *Vremea*, 21 février 1937.
40. *Ibid.*
41. E. Cioran, « Renoncement à la liberté », *Vremea*, 21 mars 1937.

Itinéraires d'une vie : E.M.Cioran

Carte d'étudiant de l'université Friedrich-Wilhelm de Berlin. 1933.

Carte de boursier de la fondation Humboldt.

Livret d'étudiant de l'université
Friedrich-Wilhelm de Berlin.

33

E. M. Cioran à 23 ans.

« Il me sembla que tous tendaient leurs mains vers lui, implorant un joug capable de les contenir, comme s'ils aspiraient avec impatience au châtiment. Tout dictateur a une âme de bourreau messianique, souillée de sang et de ciel. La foule demande à être commandée. Les visions les plus sublimes, les extases versées par la flûte des anges ne sauraient enflammer autant qu'une marche militaire. Adam fut un adjudant [42]. »

Et pourtant, de retour en Roumanie en 1935, Cioran se révèle bel et bien contaminé par l'idée selon laquelle l'histoire est l'œuvre des peuples sachant s'arracher à leur torpeur et celle des visionnaires capables d'« introduire l'absolu dans leur respiration quotidienne [43]. » Cette idée-là avait franchi les frontières de l'Allemagne ou de l'Italie, et, dans une Europe que beaucoup ressentaient comme apathique, nombre d'intellectuels tant de droite que de gauche y souscrivaient. « Il n'y a qu'une façon aujourd'hui d'aimer la France, c'est de la détester telle qu'elle est [44] », écrit Drieu la Rochelle dans la presse française. Une partie importante de la jeune intelligentsia roumaine émet un diagnostic similaire : le régime parlementaire se voit décrié comme synonyme d'intrigues et d'arrangements douteux tandis que l'on reproche à l'État libéral son impuissance. Le faible enracinement de l'ethos démocratique, la corruption traditionnelle de la classe politique alliée à une vieille pratique du clientélisme, les injustices sociales criantes sont autant de facteurs qui vont contribuer à la popularité de l'extrême droite en Roumanie. Cioran avouera plus tard avoir alors traversé une phase pathologique, dominée par une fascination pour les extrêmes. L'attrait qu'il a pour Hitler

Bucarest dans les années 30.

42. *Ibid.*
43. E. Cioran, « Le Profil intérieur du Capitaine », radiodiffusé le 27 novembre 1940 ; publié dans *Glasul stramosesc*, 25 décembre 1940.
44. *Combat*, avril 1937.

Manifestations de la Garde de fer à Bucarest dans les années 30.

Corneliu Zelea Codreanu, le chef du mouvement légionnaire.

" Il a insufflé l'honneur à une nation d'esclave ; il a redonné le sens de l'orgueil à un troupeau invertébré. "

(E. M. Cioran, 1940).

égale celui qu'il éprouve pour Lénine en vertu de leur commune aptitude à faire l'histoire, à avoir su rendre la terreur « féconde » et su déchaîner « la mystique d'une mobilisation collective [45] ». L'identification du prolétariat avec la nation lui paraît constituer l'un des enjeux majeurs du temps, et on retrouve chez le jeune Cioran des accents presque jüngériens dans l'exaltation de l'ouvrier comme « être acosmique », en qui il voit s'élever un nouveau type d'humanité [46]. L'ensemble de ses écrits politiques de l'époque résonnent de la honte que lui inspire la perspective d'une auto-condamnation de la Roumanie à un destin éternellement médiocre, porté par une population tiède, fade et passive. « Avec les paysans, on n'entre jamais dans l'histoire que par la petite porte [47]. » L'absence de volonté messianique observée chez ses compatriotes l'exaspère : « La Roumanie ne se maintiendra dans l'histoire qu'à condition d'insuffler un esprit spartiate dans ce pays de roués, de sceptiques et de résignés [48] », prophétise-t-il. C'est à l'arrière-plan de cette conscience nationale malheureuse, marquée par l'humiliation d'appartenir à une culture mineure (« Je rêve d'une Roumanie qui aurait le destin de la France et la population de la Chine [49] », note-t-il en 1936) que Cioran croit reconnaître dans le mouvement légionnaire, et en son chef charismatique, Corneliu Zelea Codreanu, dit le Capitaine, la possibilité d'une transfiguration de la Roumanie. La Légion ou Garde de fer, qui connaît une spectaculaire ascension au cours des années 30, emprunte de nombreux traits aux fascismes européens – culte de l'élite, projet

[45]. E. Cioran, « Vers une autre Roumanie », *Vremea,* 17 février 1935 (article envoyé de Berlin).
[46]. E. Cioran, *La Transfiguration de la Roumanie,* Bucarest, Editura Vremea, 1936, pp. 113-114 (non traduit en français).
[47]. *Ibid.,* p. 50.
[48]. E. Cioran, « Vers une autre Roumanie », *déjà cité.*
[49]. E. Cioran, *La Transfiguration...,* p. 96.

d'une nation « épurée » de ses éléments allogènes, haine du parlementarisme – mais elle s'en distingue aussi par une forte imprégnation religieuse et ascétique, qui en fait une des formations politiques les plus singulières de l'Europe de l'entre-deux-guerres. Sans programme bien défini, elle prône avant tout l'unité indéfectible de la nation et de l'État ; sa mystique est d'abord celle de « l'homme nouveau » forgé à l'épreuve du sacrifice pour la « résurrection » de la patrie. L'appel de la Légion en faveur d'une métamorphose de la totalité du peuple rencontre tragiquement l'obsession cioranienne d'une intégration du pays dans le dynamisme de l'histoire. La métaphore du salut est omniprésente : « Avant l'apparition de C. Z. Codreanu, la Roumanie, constate Cioran, faisait figure de Sahara peuplé. L'existence de ceux qui y séjournaient entre ciel et terre n'avait d'autre contenu que l'attente. Quelqu'un devait venir. [...] Le Capitaine a donné à l'homme roumain un visage [50]. » Le boursier de la Fondation Humboldt, qui se protégeait du nazisme en se réfugiant dans l'étude du bouddhisme distant et atemporel, plonge dans l'histoire. « La jeunesse de notre époque ne peut plus espérer se sauver par la bibliothèque », écrit Cioran. Il a vingt-cinq ans.

Reste que la nécessité du radicalisme et de l'engagement, proclamée par le jeune Cioran, ne ressortit pas de la seule préoccupation nationale. Elle s'impose aussi à lui comme une soupape de sûreté destinée à sauver un moi sur le point d'exploser, rendu fou par l'obsession de sa finitude. L'action se fait oubli de soi, thérapie, moyen de dompter une vie intérieure menaçant, sous l'intensité de ses propres excès, de provoquer un effondrement de l'individu lui-même. Dans une lettre du 31 mars 1935, Cioran conseille son frère en ces

---

50. E. Cioran, « Le Profil intérieur du Capitaine », *Glasul Stramosesc*, 25 décembre 1940.

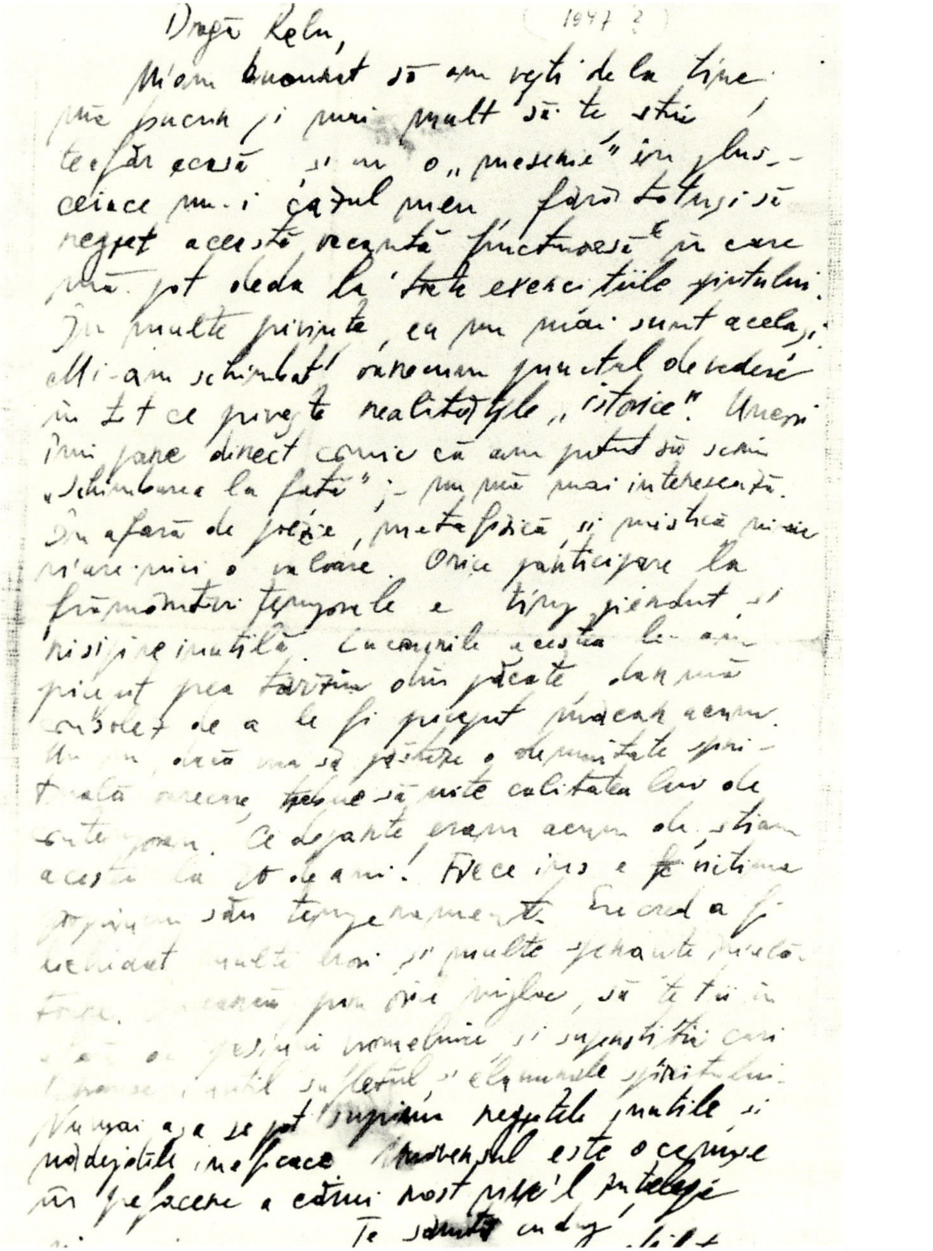

(1947 ?)

Dragă Relu,

M'am bucurat să am vești de la tine. Mă bucură și mai mult să te știu teafăr acasă și cu o „meserie" în plus. Ceiace mă-i cadrul meu fără totuși să regret această existență fructuoasă și care mă pot deda la toate exercițiile spiritului. În multe privințe, eu nu mai sunt acelaș. Mi-am schimbat oarecum punctul de vedere în tot ce privește realitățile „istorice". Uneori îmi pare direct comic că am putut să scriu „Schimbarea la față" și nu mă mai interesează. În afară de poezie, metafizică și mistică nimic n'are nici o valoare. Orice participare la frământări temporale e timp pierdut și risipire inutilă. Lucrurile acestea le-am priceput prea târziu din păcate dar mă consolez de a le fi priceput măcar acum. Un om, dacă vrea să păstreze o demnitate spirituală oarecare, trebue să uite calitatea lui de contemporan. Ce departe eram acum de a știi aceasta la 20 de ani! Trece însă e fi victima [illegible] sau temperamentului. Eu cred a fi [illegible] multe lucruri și multe speranțe inutil. Trebue, oricum, prin orice mijloc, să te ții în afară de pasiunile vremelnice și superstițiile care [illegible] sufletul și elementele spiritului. Numai așa se pot suprima regretele inutile și nădejdile ineficace. [illegible] este o [illegible] în [illegible] a [illegible] nostru [illegible] înțelege

Te sărută cu drag [illegible]

Lettre à Aurel Cioran. 1947.

termes, comme s'il s'adressait en réalité à lui-même :
« Si tu peux, laisse de côté ta vie intérieure, car si tu t'y
approfondis avec mesure, ça n'a aucune valeur, et si tu
la portes à son paroxysme, elle te détruira. [...] L'action
comme fin en soi constitue le seul moyen de réintégrer
la vie. [...] L'unique façon d'échapper aux abîmes de
l'intériorité est de s'engager sur une autre voie, essentiellement différente. »

Si Cioran allait plus tard dénoncer avec acharnement l'illusion qui sous-tend *tout credo* idéologique, c'est que jamais il ne se pardonna son égarement des années 30 [51]. Son scepticisme excessif est l'expression, passée au filtre de la philosophie, d'un remords infini – « Comment ai-je pu être celui que j'étais ? [52] », s'interroge-t-il dans *Écartèlement* –, la critique sans cesse réitérée de ses errements de jeunesse [53]. En 1946, il écrit à son frère : « Je suis immunisé contre tout, contre tous les *credo* du passé, contre tous *credo* futurs [54]. » Et quelques mois plus tard : « J'ai changé de point de vue sur les réalités historiques. [...] Je me demande parfois comment j'ai bien pu écrire *La Transfiguration de la Roumanie*. [...] Toute participation aux vicissitudes temporelles est vaine agitation. S'il tient à préserver une quelconque dignité spirituelle, l'homme doit négliger son statut de contemporain. J'en serais tellement plus

E. M. Cioran en 1934.

---

51. « Pour moi, l'époque où j'écrivais *La Transfiguration*... me paraît incroyablement lointaine. Parfois, je me demande si c'est bien moi qui ai écrit ces divagations qu'on cite. En tout cas, j'aurais mieux fait de me promener dans le parc de Sibiu... L'enthousiasme est une forme de délire. Nous avons connu cette maladie dont personne ne veut admettre que nous soyons guéris », à Aurel Cioran, 2 novembre 1973.

52. E. M. Cioran, *Écartèlement*, Paris, Gallimard, 1979, p. 154.

53. C'est à cet épisode que Cioran fait référence dans ce passage de *La Lettre à un ami lointain* : « Lorsque je songe à ces moments d'enthousiasme et de fureur, aux spéculations insensées qui ravageaient et obnubilaient mon esprit, je les attribue maintenant non plus à des rêves de philanthropie et de destruction, à la hantise de je ne sais quelle pureté, mais à une tristesse bestiale qui, dissimulée sous le masque de la ferveur, se déployait à mes dépends et dont j'étais néanmoins complice. » *Histoire et utopie*, Paris, Idées, Gallimard, 1987, p. 13.

54. À Aurel Cioran, 8 septembre 1946.

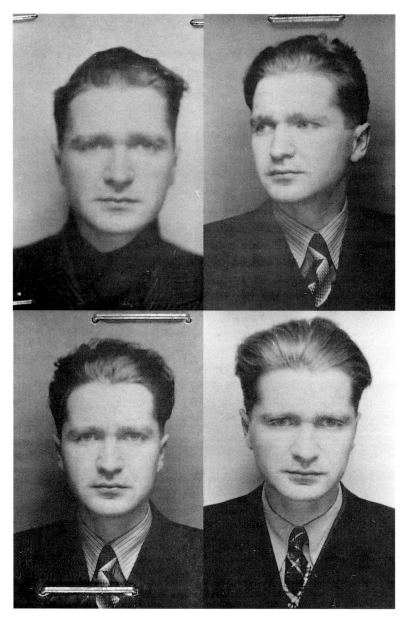

E. M. Cioran à la fin des années 30.

" *Les autres portent d'habitude un masque pour s'agrandir; moi, pour me diminuer.* "
(Lettre à Gabriel Liiceanu, 28 juin 1983).

loin à présent si j'avais su cela à vingt ans.⁵⁵ »

Le passage de Cioran à la langue française et l'adoption définitive d'une attitude sceptique, qui s'opèrent à la fin des années 40, résultent directement d'un règlement de compte intérieur avec ses engagements de jeunesse. L'expatriation linguistique scelle sa rupture avec une partie de lui-même et son divorce d'avec toute une époque de sa vie. La France, l'abandon de l'idiome maternel correspondent à une répudiation de la vieille identité et, comme il l'avouera lui-même, à « une libération du passé ⁵⁶. »

L'ENTRE-DEUX. EN QUÊTE D'UNE NOUVELLE IDENTITÉ.

Carte de membre de l'organisation Le Rapprochement International des Jeunes. 1938.

En 1937, Cioran s'installe donc à Paris en qualité de boursier de l'Institut français de Bucarest. Il a vingt-six ans. Mais contrairement à ce qu'il prétend dans le dossier de candidature qu'il adresse à l'Institut en 1937 ⁵⁷, Cioran ne songea jamais sérieusement à faire une thèse en France ⁵⁸. C'est en souvenir de cet épisode qu'il écrit un jour à son ami Constantin Noïca, philosophe resté en Roumanie : « " *Où en es-tu avec ton*

---

55. À Aurel Cioran, en 1947 (la lettre ne comporte aucune mention de jour ni de mois).
56. *Ein Gespräch, op. cit.*, p. 9.
57. « Après avoir passé l'examen de licence à la faculté des lettres de Bucarest avec une thèse sur l'intuitionnisme bergsonien, explique Cioran dans ce dossier, j'ai continué l'étude des différences entre la connaissance intuitive et la connaissance rationnelle. La fréquentation de la philosophie bergsonienne m'a ouvert des perspectives dans le domaine des types de la connaissance. En France je voudrais m'occuper de plus près avec ces problèmes et préparer une thèse sur les conditions et les limites de l'intuition. En même temps je tâcherai de connexer les idées sur l'intuition avec une certaine catégorie de problèmes que l'intuitionnisme contemporain a mis particulièrement en lumière : la fonction gnoséologique de l'extase; le transcendant dans l'acte de connaissance intuitive; le sens de la filiation Plotin-Eckhart-Bergson. À cet égard, les travaux de MM. Ed. Le Roy, Henry Delacroix, Jean Baruzi, etc. m'ont été extrêmement utiles. La possibilité de suivre leurs cours à Paris et de travailler auprès d'eux, serait pour moi une suprême satisfaction intellectuelle. » (Dossier de candidature rédigé directement en français, daté du 15 juin 1937.)
58. « Je suis arrivé en 1937 à Paris en tant que boursier de l'Institut français de Bucarest. J'avais promis d'y écrire une thèse de doctorat, mais c'était un mensonge. Je n'ai jamais fait la plus petite tentative dans cette direction, bien que je ne cessais de dire que je travaillais à ma thèse. » *Ein Gespräch, op. cit.*, p. 10.

Carte donnant accès
aux auberges de jeunesse.
1939.

Cartes d'étudiant
(Sorbonne)
et cartes de lecteur
(Bibliothèque nationale).
1937-1939.

doctorat ? " Cette question a été la terreur – et la honte – de plusieurs générations de chez nous. J'en parle en connaissance de cause. Il faudrait écrire tout un livre là-dessus, avec un rien d'érudition et pas mal d'humour. [59].» Il emménage donc à l'hôtel Marignan, au 13 de la rue Sommerard, dans le cinquième arrondissement. L'année suivante, il s'inscrit à la Sorbonne, moins cependant dans l'intention d'y suivre des cours que pour avoir droit aux tickets-restaurant. C'est aussi à cette époque qu'il entreprend de sillonner la France à bicyclette. Au cours de ces longues pérégrinations qui durent parfois des mois, Cioran trouve refuge, le soir venu, dans des auberges de jeunesse, indifféremment communistes ou catholiques [60] selon l'endroit, et dont l'accès lui est ouvert grâce à sa carte de membre-adhérent de l'organisation Le Rapprochement international des jeunes. Son statut de boursier n'en reste pas moins conditionné par la préparation de son doctorat. C'est ainsi qu'après deux ans d'absentéisme Cioran, qui ne connaît aucun de ses professeurs, ne peut obtenir les deux lettres de recommandation nécessaires à la prolongation de ses subsides. « Le directeur de l'Institut français de Bucarest, qui m'envoya à Paris, était un homme éclairé : "Il m'a menti et n'a pas même entamé la rédaction de sa thèse, a-t-il dit à mon propos, mais il est en revanche le seul de nos boursiers à connaître la France de fond en comble, ce qui, après tout, vaut beaucoup mieux qu'un doctorat." [61] » La bourse sera maintenue jusqu'en 1944.

En 1940, le 12 mars, Cioran commence à écrire

Cachets d'auberges de jeunesse où E. M. Cioran est descendu en 1939.

---

59. Lettre à Constantin Noïca, 14 avril 1976.
60. *Ein Gespräch, op. cit.,* p. 12. Et à Louis Nucera, il avoue : « J'ai eu deux passions dans ma vie : la lecture et la bicyclette », « Rencontre avec Cioran », *L'Express*, novembre 1973. Dans une page des *Nouvelles littéraires* consacrée à la bicyclette, « l'Idole des écrivains », Cioran se trouve mentionné au côté de Jules Renard, Céline, Nabokov, Maurice Nadeau et Julien Gracq.
61. *Ein Gespräch, op. cit.,* p. 12.

E. M. Cioran en famille, en Roumanie (fin des années 30).

Le manuscrit du *Bréviaire des vaincus*. 12 mars 1940.

" [...] *Un livre dont les syllabes, attaquant le papier, supprimeraient la littérature et les lecteurs, un livre carnaval et apocalypse des lettres, ultimatum à la pestilence du verbe.* " (E. M. Cioran).

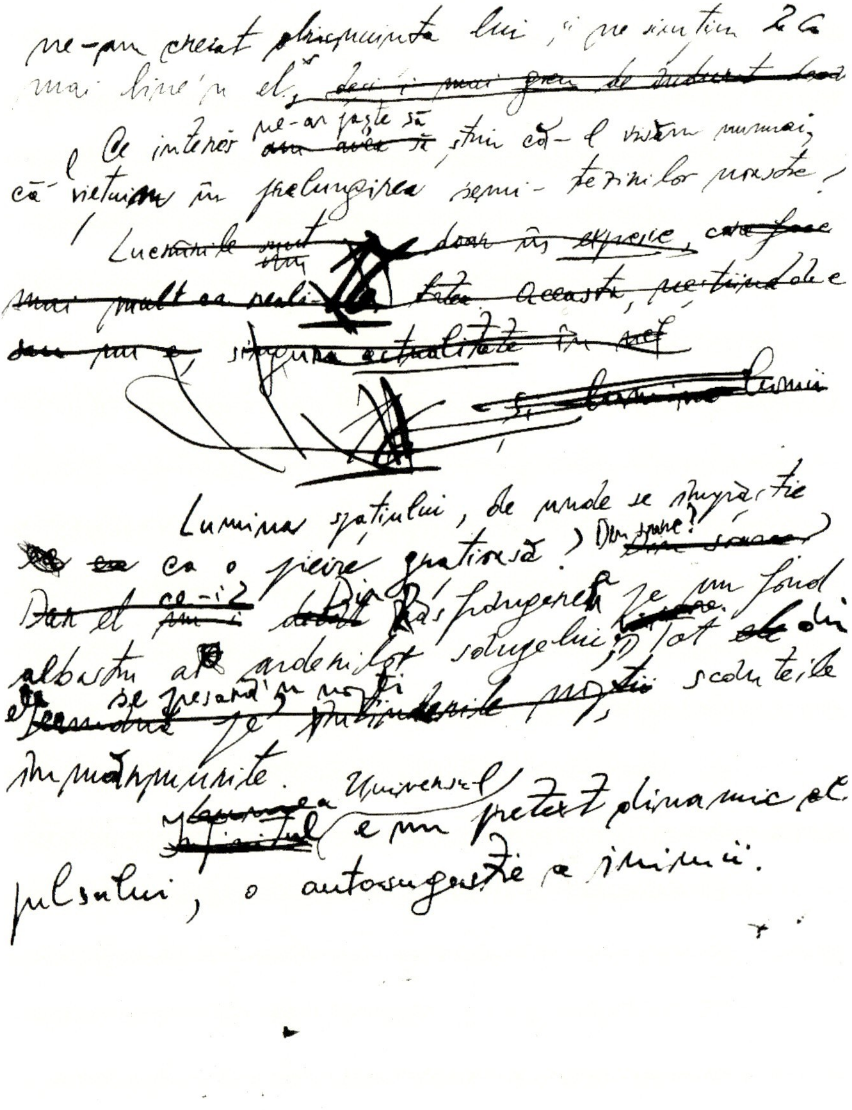

Manuscrit du *Bréviaire des vaincus.* 12 mars 1940.

Bréviaire des vaincus, son dernier (et sixième) livre en roumain [62]. Il en achève la version définitive en 1945. Entre-temps, il vit en jeune rentier dans une ville qu'il compare à la Rome de la décadence. Une volupté claustrale imprègne les pages du *Bréviaire* où Cioran se consume jusqu'à l'épuisement en sa condition d'*étranger* (« Y avait-il boulevard Saint-Michel un étranger plus étranger que moi ? »). À la fin de la guerre, cette existence marginale touche à ses limites, exaspérant un orgueil immense, comme seul peut en éprouver celui qui vient de traverser une longue période d'attente et d'humiliation. L'auteur de cinq volumes publiés en Roumanie n'est ici plus personne. Pendant un an, chaque matin, Cioran se rend, tel un fonctionnaire, au café de Flore où il reste attablé quelque douze heures par jour. Tout cela ressemble à une opération de reconnaissance, de celles qui précèdent l'heure fatidique de la bataille. En 1945, le pari avec soi-même est conclu : Cioran est déterminé à montrer aux Français qu'il peut écrire aussi bien qu'eux, et même mieux qu'eux [63].

Le café de Flore avant la guerre.

---

62. E. M. Cioran, *Bréviaire des vaincus,* Paris, Gallimard, 1993 (Traduit du roumain par Alain Paruit.) La première version de ce manuscrit, que nous avons pu consulter dans les archives de la famille Cioran, comprend 110 pages de grand format, recouvertes d'une écriture à l'encre noire. Le texte comporte de nombreuses ratures, ébauches, de multiples renvois et passages ajoutés. L'écriture même change de graphisme et de dimension d'une page sur l'autre, témoignant d'une mobilité inquiète. Quarante ans plus tard, l'auteur condamnera définitivement ce texte : « Merci pour la peine que tu as prise pour transcrire mes divagations plus ou moins juvéniles, écrit-il à son frère. Je possède une version un peu améliorée de ce *Bréviaire* que je n'aime pas du tout. C'est fâcheusement lyrique, et franchement démodé comme ton. Je te donne le conseil de détruire tout ça. », 20 novembre 1975. Quand, en 1981, Aurel Cioran envoie à son frère une première partie de l'ouvrage, recopiée par ses soins, l'auteur lui répond : « Mon impression, après avoir lu les pages que tu as eu la gentillesse et la patience de copier, ne se laisse pas facilement définir. Ce lyrisme échevelé m'est devenu totalement étranger. C'est trop poétique, trop jeune, trop "enthousiaste". Je pense qu'il est inutile de copier le reste. » 23 juillet 1981.
63. E. M. Cioran, *Exercices d'admiration, op. cit.,* p. 213.

Les débuts français ou « le récit d'un cauchemar ».

« Au cours de l'été 1947, alors que je séjournais dans un village des environs de Dieppe, j'ai essayé, au titre de simple exercice, de traduire Mallarmé en roumain. Et j'eus subitement une révélation : tu dois rompre avec ta langue et ne plus écrire désormais qu'en français. Je suis rentré à Paris le lendemain, et me suis mis d'un coup à écrire dans cette langue d'adoption que je choisis d'un instant à l'autre. Je rédigeais alors très vite la première version du *Précis de décomposition* [64]. » Cioran relate cet épisode en allemand. Il emploie, pour « révélation », le mot dépourvu de toute équivoque *Offenbarung* : la rupture avec la langue maternelle ne résulte pas d'une *délibération*, elle n'est pas même le fruit d'une *décision*, elle *survient* simplement, de toute l'autorité d'une vérité suggérée par une instance supra-individuelle. Cioran quitte le village de la région de Dieppe pour prendre la route de Paris comme appelé par l'urgence d'une mission. Ce qui frappe dans ce récit, c'est le rythme précipité avec lequel les événements s'enchaînent vers leur dénouement fatal : le retour a lieu le lendemain ; il se met d'un coup à écrire dans sa langue d'adoption – qui s'impose d'un instant à l'autre, tandis que la première version du livre voit le jour très vite.

Cioran raconte ainsi cet épisode quatre décennies après l'avoir vécu. Cette version des faits est cependant empreinte du prestige de leur signification ultérieure. C'est pourquoi l'importance de ce moment réside moins dans son aspect purement documentaire que dans la teneur affective qu'il comporte, dans la manière même dont ce tournant de la vie de l'auteur s'est fixé dans sa mémoire après un long laps de temps. Le passage d'une langue à l'autre se produit avec la radicalité d'un rapt. Il s'agit bien d'une *commotion linguistique* qui

---

[64]. *Ein Gespräch, op. cit.*, pp. 12-15.

Existences flottantes

C'est ton intérieur qui sans cesse
se caresse —
se caresse en soi-même
par ton propre reflet éclairé.
Sunt li mupat de rôsfă-
genea mea. —

rose, qui distribue cette
troublante odeur de sainte nue.

Natura își... Dacă natura a
și-a amintit odată subit de hao-
sul din care a pornit —

Trandafir care răspândești
acest miros, tulburător de
sfântă goală —

Feuille d'un carnet de notes.

Le parasite des poètes

par Emile CIORAN

> *Emile Cioran, Roumain et fils d'un prêtre orthodoxe, vient d'écrire directement en français un essai qui ne manquera pas d'attirer l'attention : « Précis de décomposition » (à paraître chez Gallimard). Il y attaque violemment ceux qu'on appelle « les justes » ou « les purs » : « Les vrais bienfaiteurs de l'humanité sont les sceptiques, les fainéants, les esthètes », s'y livre à une apologie des civilisations décadentes et y professe un nihilisme sans concessions.*

Il ne saurait y avoir d'aboutissement à la vie d'un poète. C'est de tout ce qu'il n'a pas entrepris, de tous les instants nourris d'inaccessible, que lui vient sa puissance. Ressent-il l'inconvénient d'exister ? Sa faculté d'expression s'en trouve raffermie, son souffle dilaté.

Une biographie n'est légitime que si elle met en évidence l'élasticité d'une destinée, la somme de variables qu'elle comporte. Mais le poète suit une ligne de fatalité dont rien n'assouplit la rigueur. C'est aux nigauds que la vie échoit en partage ; et c'est pour suppléer à celle qu'ils n'ont pas eue qu'on a inventé les biographies des poètes...

La poésie exprime l'essence de ce qu'on ne saurait posséder; sa signification dernière : l'impossibilité de toute « actualité ». La joie n'est pas un sentiment poétique. (Elle relève néanmoins d'un secteur de l'univers lyrique où le hasard réunit, en un même faisceau, les flammes et les sottises). A-t-on jamais vu un chant d'espoir qui n'inspirât pas une sensation de malaise, voire d'écœurement ? Et comment chanter une présence, quand le possible lui-même est entaché d'une ombre de vulgarité ? Entre la poésie et l'espérance, l'incompatibilité est complète ; aussi le poète est-il victime d'une ardente décomposition. Qui oserait se demander comment il a ressenti la vie quand c'est par la mort qu'il a été vivant? Lorsqu'il succombe à la tentation du bonheur, — il appartient à la comédie... Mais par contre, des flammes émargent de ses plaies... ... licité — cette ... tueuse du mal... à la nuance ... à tout accent ... lin se réfugi... songe et tran... des ivresses p... de l'irréalité...

Le poète odieux du ré... n'emportait p... l'encontre du... ge, il ne sau... même, ni s'év... propre hantise... sont incurable... coureurs de ... sauver, pour ... sauf sa vie...

Pré-publication d'un extrait du *Précis de décomposition.*

intervient alors que le sujet évolue précisément sur le territoire de la langue maternelle : s'efforçant de traduire Mallarmé, c'est aux subtilités ultimes de la langue roumaine que s'exerçait l'agressé. Cioran vit depuis huit ans déjà en France, mais il appartient toujours à la culture roumaine. Cet exercice de traduction de Mallarmé marque un point de rupture par la mise en contact brutale des *limites* inhérentes aux deux langues. Deux aires linguistiques se font face désormais, chacune refermée sur sa propre identité, réfractaire à toute possibilité de transfert. Cioran fait alors l'expérience de l'irréductible et, de là, l'épreuve de son *altérité* absolue. Mallarmé lui révèle que, pour pénétrer en territoire linguistique étranger, c'est un saut qu'il faut accomplir, et que ce saut équivaut à une perte de la vieille identité. Car, si la langue est la limite qui confère une identité dans l'ordre de l'esprit, la quitter signifie se donner une autre limite *(finis)*, donc une autre dé-finition; en un mot, changer d'identité. D'où le caractère vertigineux, total, traumatique de la rupture. Dix ans plus tard, dans sa *Lettre à un ami lointain,* Cioran a évoqué les efforts que lui coûtèrent ces ciselages sans fin auxquels il dut se livrer dans l'apprentissage de sa langue d'emprunt – « le récit d'un cauchemar », confesse-t-il : « Quelle consommation de café, de cigarettes et de dictionnaires pour écrire une phrase tant soit peu correcte dans cette langue inabordable, trop noble, et trop distinguée à mon gré [65] ! »

En mars 1947, il envoie le manuscrit du *Précis de décomposition,* son premier livre écrit en français, aux Éditions Gallimard, qui donnent leur accord de principe pour son impression. Deux pénibles années d'attente s'ensuivent pourtant. Cioran est un débutant, la publication du livre se trouve ajournée sous divers prétextes.

" *La vérité est que ma vision des choses n'est pas due à une influence littéraire quelconque, mais à mes diverses infirmités, à une sorte de malaise inné.* "
(Lettre à Aurel Cioran, 24 février 1975).

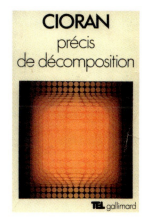

---

65. E. M. Cioran, *Histoire et utopie, op. cit.*, « Sur deux types de société. Lettre à un ami lointain », p. 10.

Jusqu'au jour où on lui signale l'organisation d'un concours destiné à récompenser le meilleur manuscrit français écrit par un étranger. Le texte du *Précis* fait impression [66]. Cet événement sort brusquement les Éditions Gallimard de leur inertie, le livre est mis en vente en l'espace de quelques mois. Et l'auteur commence à faire parler de lui : « Je suis depuis peu admis dans les milieux parisiens les plus intéressants, grands écrivains, etc. », écrit-il à ses parents le 9 juin 1949. Le *Précis*, déjà sous presse en juin, ne sera lancé qu'à l'automne avec les grandes livraisons de la rentrée. La critique réagit promptement. « Je vous ai envoyé le livre, écrit-il à ses parents le 9 octobre. Je ne sais pas si vous l'avez reçu. Jusqu'à présent, la critique m'est extrêmement favorable. [...] Je m'apprête à vous envoyer un article publié dans un des plus grands journaux d'ici, avec ma photo. »

UN PARI GAGNÉ. L'article auquel se réfère ici Cioran, illustré par la photographie détourée d'un jeune homme au visage d'une sévérité inattendue, est sans méprise possible celui de Maurice Nadeau, publié dans *Combat* du 29 septembre 1949 sous le titre « Un " penseur crépusculaire " ». À gauche, les lignes du texte bordent le semi-profil de Cioran, de sorte que, par un effet de mise en page, le paragraphe situé à cet endroit en semble

---

66. La lettre à ses parents du 16 avril 1949 nous renseigne sur l'issue de ce concours : « En ce qui concerne le prix, voici comment les choses se sont passées. J'étais sûr de l'avoir ; la majorité du jury était de mon côté (sur neuf membres, cinq se sont prononcés en ma faveur). Mais au dernier moment, on a objecté que mon manuscrit était trop pessimiste et qu'il ne serait pas souhaitable de lui accorder une récompense *officielle*. J'ai eu en revanche la grande satisfaction d'apprendre, dans le communiqué diffusé au terme de la délibération, que mon manuscrit avait été considéré comme le plus remarquable. On a parlé de moi dans les journaux, etc. etc. Quoi qu'il en soit, je ne peux pas dire que ce fut un "insuccès". » Il s'agit du prix Rivarol. Faisaient notamment partie du comité de lecture A. Gide, A. Maurois, J. Paulhan, J. Romains, J. Supervielle.

Un « penseur crépusculaire »

LES LIVRES, par Maurice NADEAU

« Il n'y a qu'un problème philosophique vraiment sérieux : c'est le suicide.

Juger que la vie vaut ou ne vaut pas la peine d'être vécue, c'est répondre à la question fondamentale de la philosophie ». On se rappelle cet éclatant début au « Mythe de Sisyphe », et on se rappelle aussi comment Albert Camus répondait à la question fondamentale « par son orgueil même et résigné, Sisyphe roulant son rocher pour l'éternité « juge que tout est bien. Cet univers désormais sans maître ne lui paraît ni stérile ni futile ». Il faut imaginer Sisyphe heureux ». Contre cet optimisme serein que la vie triomphe de l'absurdité du monde et de sa propre condition, un penseur venu de Roumanie (1) se dresse avec rage et désespoir, et sa réponse à « la question fondamentale », c'est de s'inscrire en faux furieux.

Vivre, dit-il, c'est « mentir » et se mentir ; « dans l'échelle des créatures, il n'y a que l'homme pour inspirer le dégoût soutenu » ; cet univers est « non-viable », et « celui qui n'a jamais conçu sa propre annulation, qui n'a pas présenti le recours à la corde, à la balle, au poison ou à la mer, est un forçat avili ou un ver rampant sur le charogne cosmique ». Il a intitulé son ouvrage « Précis de décomposition ». Car, dit-il, « la décomposition préside aux lois de la vie ; nous sommes plus proches de notre poussière que de la fleur ; ce n'être cadavre tient de bon » ; il ne nous reste qu'à méditer « notre pourriture », à « réduire délibérément » notre intérieur « en cendres ».

Le voilà donc venu celui que nous attendions, « le prophète des temps concentrationnaires », « le suicide collectif, celui dont tous les philosophes du néant et de l'absurde préparaient l'avènement, le porteur par excellence de la mauvaise nouvelle. Saluons-le et regardons-le d'un peu près : il portera témoignage pour notre époque.

Il n'est pas philosophe, à l'acception philosophique relevant d'une ère dénuement et d'une profondeur suspecte qui n'ont de prestiges que pour les timides et les idées, et il ne veut pas perdre son temps à défaire l'être « cette prétention du Rien ». L'absurde lui-même, le néant ? Vieilles lunes ! Ultimes bouées de sauvetage auxquelles quelques esprits ont eu la faiblesse de s'accrocher ! La vérité (« j'appelle simple d'esprit tout homme qui parle de la mort avec conviction ») c'est la mort, qui ne constitue pas un problème philosophique mais notre seule « certitude », accrochée à nos flancs dès la naissance et dont chaque jour célèbre la victoire.

Faut-il la nier en propositions déduites, l'exposer en système ? Faut-il se donner le ridicule de penser contre elle ? Tous nos actes et toutes nos entreprises la nient, notre respiration même la nient en défaut, au bout du compte qui gagne ? Nous sommes des lâches et des poltrons qui avons adopté « la bravoure d'une vérité ultime », à laquelle nous avons appris par cœur une chose qui, entrevue seulement, devrait nous précipiter vers l'abîme ou le saut... Nous préférons vivre. Il n'est là ne demander si c'est par faiblesse d'esprit ou goût du déshonneur. Nous nous ignorons de la scandale métaphysique que nous a créés pour mourir et nous acceptons « pitinant notre soi-disant dignité humaine nous dions où à la pire injustice qui soit. Est-il étonnant, par suite, que le monde créé par nous et dans lequel se défait à la mesure que nous y bâtissons donne le spectacle de l'inconvenance, du scandale et de l'injustice ?

Où est le progrès, qu'est-ce que l'histoire, que nous ont apporté religions, croyances, philosophies, à quoi sert la pensée ? Héros, saints, réformateurs, conquérants, prophètes, qu'avez-vous fait ? Nous voici comme les derniers Romains à la fin d'une civilisation, le temps de nous interroger. Le progrès ? « Une génération n'apporte du nouveau qu'en piétinant sur les restes de l'unique génération précédente.

denté... toute conquête spirituelle en politique est une affirmation mourtrière... la troglodyte qui tremblait d'effroi dans les cavernes, tremble encore dans les gratte-ciel ». L'Histoire ? Un « infructueux frétillement »... un défilé de faux absolus, une succession de temples élevés à des prétextes, un avilissement de l'esprit devant l'improbable... A tout pas en avant succède un pas en arrière ». Les religions, les fois, les croyances ? Pourvoyeuses des gibets, des guillotines, des chaniers : « On se tue au nom d'un dieu ou de ses contrefaçons... les époques de ferveur excellent en rigueurs sanguinaires... Admettre le caractère interchangeable des idées, c'est sang couler. D'un esprit ardent on retrouvera la bête de proie déguisée en prophète... Il me suffit d'entendre quelqu'un parler sincèrement d'idéal, d'avenir, de philosophie, de l'entendre dire « nous » avec une

E. M. CIORAN

inflexion d'assurance, d'invoquer les « autres » et s'en estimer l'interprète, pour que je le considère mon ennemi. J'y vois un tyran manqué, un bourreau approximatif aussi haïssable que les tyrans, que les bourreaux de grande classe. C'est que toute foi exerce une forme de terreur, d'autant plus effroyable que les « purs » en sont les agents... les vérités commencent par un conflit avec la police et finissent par s'appuyer sur elle. De cette « folie » sans laquelle ne meurt, de ce fanatisme sans lequel commença avec le premier homme affirmant sa foi, le simple fait de respirer, quelques-uns au moins se sont-ils gardés ? Où placer les artisans de créatrice et la beauté, les sages ? Parmi les lâches, les vaincus, les victimes. « Tout acte de création est un facteur de fuite », un faux-fuyant, un appauvrissement, un recul devant l'obligation de tirer les dernières conséquences ; « le déserteur n'est pas celui qui

la tire, mais celui qui se dissipe et se divulgue ne peut atteindre à lui-même, il ne se perd et ne s'effondre ». Qu'est-ce que la pensée ? Une défaillance de la vitalité, nés, avec la conscience, d'un relâchement des réflexes. De tous ce qui fut tenté en deçà du néant, est-il rien de plus pitoyable que ce mouvement de l'esprit devant l'improbable... A tout pas en avant succède un monde, sinon l'idée qu'il a conçu ? Plus de parenté avec la planète ! »

« Plus de parenté avec la planète ! » Dans un univers « non-valable », la révolte est privée de sens, l'insoumission grotesque de la sainteté à remettre entre les mains des hygiénistes ; « ce qui provient d'une satiété particulière du corps et de l'âme ». A toutes les sollicitations du monde et de la vie, les appétits du néant, du cynisme de Diogène, sa splendide indifférence. « L'horreur tesiculaire du ridicule d'être homme » « Mieux : il faut se faire traître par principe et renégat par dignité », traître métaphysique », et renégat de l'existence. Le traître métaphysique va, vient, parcourt la cité sans que nul ne lui fasse la pierre ». Il est citoyen respectable, jouit des honneurs et de la considération de ses semblables, « il n'y a pas de procédure contre les traîtres métaphysiques ». De tous les malfaiteurs, il est pourtant le plus nuisible, celui de tout ce qui sait, un fondement quand à « la sève même de l'univers à accélérer son processus de décomposition. A proclamer l'inutilité de tout acte, la sainteté du découragement, le livre à l'apologie de la décadence et des civilisations « molles et faisandées », « il se fait du « Age trop mûr » et « en hors négatif ». « Nous sommes les romantiques de la déception classique », proclame E.M. Cioran, « nous sommes les grands décrépits ».

Comme dit l'autre, « détenteur-protée de la sagesse universelle », le discours que vous venez d'entendre se passe de commentaires, et il y aurait quelque ridicule à vouloir réfuter le cri d'un homme qui se noie. Car en dehors de toutes les raisons que nous avons de ne pas nous aligner, de nous les arguments, vrais, faux, mi-faux, mi-vrais, exagérés, dans, consistance ou irréfutables que l'auteur dévide et que, par paradoxes imprévus, il prétend à se ranger à « une identité même, ou la formulée. Ce n'est nul en monstre ni un phénomène, à peine un provocateur et peut-être pas les uns que nous en aurions. Mais sûrement un homme submergé de honte, de dégoût et qui souffre. Sur le bord de la voie triomphale qui mène à l'Age de plénitude il pose le sac et s'assied, fourbu, refusant toutes les consolations, quelques lyriques, ou hautement oratoires, les autres d'une ampleur à la Pascal ou à la Nietzsche, auroris-nous la foyer le dire que cette détresse est feinte ? Un homme d'un certain âge qui se panache dans sa profonde désespoir et à qui chaque époque, un Cioran ne s'est reconstitué silencieusement dans l'ombre.

Cette ombre des tableaux de Rembrandt, où on le voit dans la folie et l'agitation des hommes, et tient précisément le *Témoin*.

(1) E.M. Cioran : Précis de Décomposition (Gallimard, les Essais).

Premier livre écrit en français par l'auteur qui a publié en roumain « Sur les cimes du désespoir » (1933), « Le Livre des Mépris » (1935), « Sur les Larmes et sur les Saints » (1937). Ce dernier ouvrage a été retiré du commerce.

Article de Maurice Nadeau, *Combat*, 29 septembre 1949.

" Le bruit qu'on fait autour de moi me gêne et me déçoit. Je savais qu'un jour il serait inévitable, mais mon orgueil le situait après la catastrophe future. C'était à l'attention de survivants, et non d'agonisants, que s'adressaient mes appréhensions. Il n'y a pas de plus grand drame que d'avoir été compris trop tôt. "

(Lettre à Gabriel Liiceanu, 28 janvier 1987).

Article de Alain Bosquet, *Le Monde*, 12 décembre 1964.
Article de Jacqueline Piatier, *Le Monde*, 30 mai 1970.
Article de Gilles Plazy, *Combat*, 17 juillet 1969.

constituer comme le commentaire involontaire : « Le voilà donc venu celui que nous attendions, écrit Nadeau, le prophète des temps concentrationnaires et du suicide collectif, celui dont tous les philosophes du néant et de l'absurde préparaient l'avènement, le porteur par excellence de la mauvaise nouvelle. Saluons-le et regardons-le d'un peu près : il portera témoignage pour notre époque. » Les signatures illustres se succèdent. « Nous avons un nouveau moraliste ou immoraliste, qui écrit fort bien, note André Maurois dans les colonnes d'*Opéra*. J'avais lu de lui la semaine dernière un *Précis de décomposition*, dont le titre bizarre m'avait retenu : la qualité du style comme celle de la pensée m'avait frappé. Ce livre provocant a retenu mon attention. Il est si agréable de découvrir un style que j'ai voulu vous dire mon plaisir [67]. » En janvier 1950, on lit dans les pages de la revue *La Table Ronde*, sous la plume de Claude Mauriac cette fois : « C'est là le ton et la langue d'un maître ! Toutes proportions gardées, nous sommes plus près de Pascal que de Vigny. »

Tâchons de relire ces commentaires en oubliant un instant ce que représente *aujourd'hui* Cioran. Force est de nous interroger sur les raisons pour lesquelles une culture comme la culture française, où grandeur et arrogance s'entremêlent de façon naturelle, en vint à saluer ce débutant obscur venu des rives du Danube comme un témoin de l'époque, et à le comparer aux plus grands. La chose ne s'était produite ni avec Conrad en Angleterre, ni avec Canetti en Allemagne, ni avec Nabokov aux États-Unis. Le cas Cioran est d'autant plus stupéfiant qu'à un moment où Sartre et Camus occupaient le devant de la scène, la radicalité du ton cioranien aurait pu se voir aisément sacrifiée à la facilité d'une classification commode à l'intérieur des

---

67. *Opéra*, 14 décembre 1949.

Itinéraires d'une vie : E.M. Cioran

A propos de « la Chute dans le temps »
UN CYNIQUE FERVENT : E.-M. CIORAN

Il est toujours dangereux de défendre un penseur à contre-courant ; il est particulièrement dangereux de défendre E.-M. Cioran, qui est l'un de nos plus grands penseurs, et peut-être le plus brillant styliste que nous ayons, dans une lignée qui illustrèrent Voltaire, les mémorialistes, Giraudoux, France et le Sartre des *Mots*. Le siècle et la société ne peuvent que se détourner d'un homme qui, d'un livre à l'autre, et d'une page à l'autre, ne cesse de dénigrer l'homme ; peu leur importent alors les vertus de l'écrivain et l'harmonie extraordinaire de son langage. N'est-il pas pervers de reconnaître au diable de jolis tours de phrase ? Bien entendu, E.-M. Cioran ne se laisse pas faire non plus. Il lui suffit d'avoir quelques centaines de lecteurs, tous éblouis, tous médusés, tous prêts à lutter pour lui avec acharnement. Lui ne réclame rien. L'un des chapitres de son dernier livre, **la Chute dans le temps** (1), traite précisément « du désir et de l'horreur de la gloire » et revendique le droit de passer inaperçu, n'avouant d'autre but que celui de la suppression de son identité et de la volatilisation de son œuvre. Ecrire sur E.-M. Cioran est donc, dans une large mesure, écrire contre E.-M. Cioran. Sa seule faiblesse consiste à publier.

Là aussi est sa grandeur : une grandeur à rebours, à une époque où la littérature connaît encore les « diktats » d'honnêteté intérieure, genre Camus, ou d'efficacité sociale, genre Sartre ; à une époque aussi où la suggestion et l'allusion tiennent lieu de pensée clairement formulée. Chez E.-M. Cioran, l'honnêteté intérieure est immense mensonge ; l'efficacité sociale, leurre absurde ; et les hésitations de la littérature de recherche, crimes de prétention. Il s'agit, quant à lui, de nous anéantir à nos propres yeux, de ne rien laisser d'intact à nos contemporains, de remettre l'homme à sa place, qui est insignifiante ; il use, pour nous battre ainsi — et c'est là que son attitude est unique, — de la prose la plus limpide, la plus étincelante et la plus irrésistiblement pimpante qu'on puisse imaginer.

Tout commença en 1949. E.-M. Cioran, qui avait publié quelques ouvrages en roumain, reprenait dans son *Précis de décomposition* et l'enrichissait de maints essais nouveaux. L'ensemble se présentait comme déclaration de méfiance à l'égard de somptueuses, il ne trouvait sur son chemin que matière à dégoût. Il prêchait déjà l'indifférence. Il avait des aphorismes si féroces qu'ils en devenaient joyeux. Il disait : « Les grands persécuteurs se recrutent parmi les martyrs auxquels on n'a pas coupé la tête. » Il définissait l'amour comme la rencontre de deux salives. Il fulminait contre toutes les valeurs. Ne trouvait grâce à ses yeux — provisoirement — que l'artiste : « Il n'y a que l'artiste dont le mensonge ne soit pas total, car il s'invente avec soi. Il accusait les semblables de démission, de déchéance. Il demandait : « Est-il plus grande richesse que le suicide que chacun porte en soi ? » Déjà aussi il avait trouvé l'idée centrale de la Chute dans le temps : le refus de son destin. « Prendre conscience de soi clamait-il, mot d'élection dans la terminologie des vaincus. »

Face à ce qu'il appelait « la sainteté du désœuvrement », il ne découvrait que simulacres : « Je fus, je suis ou je serai, c'est là question de grammaire et non d'existence. » Qu'accepter alors, faute de fin tragique ? E.-M. Cioran a eu quelque tendresse pour la mystification, la lâcheté, l'insouciance, le doute ; cela devrait nous suffire, à nous, « resquilleurs de l'apocalypse », pour que « Dieu ait la rouille ».

Après un livre aussi fracassant que *Précis de décomposition*, il en fallait un, plus facile, c[...] ce que sera *Syllogismes [de l'amer]tume*, en 1952. Les m[...] toutes délectables, ne [...]ble que la perspective philosophique n'ait fait c[...] sonne à avoir une vie [...] sommes tous des farceu[...] vivons à nos problèmes [...]rer, c'est désormais la [...] **La Tentation d'exist[er]** et *Histoire et Utopie*, [...] laissent quelque peu [...] philosophe, pour les ob[...] témoin, tantôt sociolog[...] tique, tantôt historien [...]liticien « engagé » c[...] détruire les prestiges [...] Les textes se font plus [...] pirouettes s'intègrent [...] semble destiné non pa[...] ter les habitudes du le[...] tuels du lecteu[...]n, ne [...] sûrement, volu[...] presque raisonnable [...] pêche que le même cyn[...] On s'entend dire : « [...] béatitude, comme si [...] iouait la Bach en sourd[...] reur, voire de la tyrannie : « Un monde sans tyrans serait aussi ennuyeux qu'un jardin zoologique sans hyènes. »

Il semble bien que **la Chute dans le temps** soit sinon l'aboutissement logique de toutes les imprécations d'E.-M. Cioran, du moins une sorte de synthèse de ses thèmes principaux. Les mots virevoltent un peu moins naguère, et les colères sont, en revanche, plus nuancées. Mais il n'est le penseur ni le témoin n'ont changé d'avis : la race humaine lui apparaît comme un fait, s'agitent trop pour essayer de justifier l'injustifiable, leur propre nature. Là où il y avait d'éclatantes formules, une vigueur nouvelle, les mêmes idées. Etre tous conscience de soi demeure une opération stupide. La course à l'obsolu est un vain carrousel. Le civilisé est par définition un dévoyé : il eût mieux valu rester sauvages et illettrés.

Lucide, cynique et attentiste, E.-M. Cioran s'attaque ici principalement au concept du destin, c'est-à-dire à tout ce qui, dans l'homme, peut paraître cohérent, exemplaire ou simplement réductible à quelque unité d'intention ou de sentiment. A ce prétendu destin il suggère que l'homme devrait opposer un besoin d'insignifiance : « Etre libre, c'est s'émanciper de la quête d'un destin libre, c'est s'exercer à n'être rien. »

Il ne peut être question de proposer une solution en matière de « mode d'emploi » pour ce genre de philosophie. Dans un chapitre remarquable, E.-M. Cioran met en garde contre ce qu'il appelle « les dangers de la sagesse ». Le sage, pour lui, s'accommode, pour apprendre à hurler : à hurler pour être bien sûr d'accéder à une manière de permanente incompatibilité avec soi. Et puis, lorsqu'on s'y accoutume, n'importe quelle accoutumance, fût-elle d'un dégoût sans fin, il faut encore savoir se renier. Car, dit E.-M. Cioran, le reniement rajeunit. La seule morale serait-elle dans une atomisation perpétuelle inaccomplie, inachevée, impossible, toujours à poursuivre ?

Le miracle, c'est que le langage d'E.-M. Cioran nous sauve du total désespoir où il prétend nous plonger. Son œuvre, qui n'épargne rien, est, grâce à sa limpidité, à sa musique, à son harmonie jubilante, de salubrité permanente. Jamais charrié pensées si néfastes ; jamais prose n'a, en même temps, si bien réussi à nous laver de tout ce qui en nous est prétention, sottise et aveuglement. Nous en emportons sains et innocents. Le moraliste E.-M. Cioran nous fait un bien énorme. En souffrira-t-il vraiment ?

ALAIN BOSQUET

(1) Gallimard, Les Essais[...]

LES COLÈRES D'E.-M. CIORAN

PENDANT que Valéry à Nice se faisait couvrir de fleurs un petit livre à Paris, lui envoyait une volée de bois vert. C'est un texte d'une quarantaine de pages, signées Cioran, l'auteur du *Précis de décomposition* et de *la Chute dans le temps*.

Cueillis dans la litanie des reproches : « il a prôné le difficile par impuissance », jongleur et historien du vocable... Les tourments de Pascal lui inspirent des réflexions d'ingénieur... Le culte de Valéry pour la rigueur ne va pas plus loin que la propriété des termes... Une volonté d'expression poussée à son plus haut degré d'acharnement n'est... rien... Un galérien de la nuance... »

Ni le poète, coupable d'avoir « préféré la poétique à la poésie », ni le philosophe, suspect d'avoir pris la pose, ne trouvent grâce devant un détracteur, connu pour ses sévérités, mais qui a passé l'âge où l'on attire sur soi l'attention en déboulonnant les statues. Il y a donc d'une querelle plus profonde, qui met en évidence l'opposition de deux esprits.

On dirait un règlement de comptes après déception, comme si Valéry, au cours d'un entretien prolongé, n'avait pas répondu à tout ce qu'en attendait de son soi. Sa lucidité exerçait sur Cioran une fascination qui le conduisait tout droit à une expérience spirituelle ; et soudain celle-ci tourne court... « Jusqu'où êtes-vous allé dans la perception de l'irréalité ? » demande l'inquisiteur. Et de fournir un « mystique bloqué », en rébellion contre sprit religieux, pascalien, romantique se iste. L'intérêt du texte est dans la fortune actuelle de Valéry serait la suies poèmes, on repousse sa poétique, on se du moraliste et de l'analyste attentif aux resterait dehors surtout, comble de l'ironie, l'Histoire qu'il s'était si bien employé à

n'enchantent peut-être plus la jeunesse ce bien dit que sa poétique ait si peu end Cioran la définir, en termes irréprochables milieu de nos sensations et de nos jugements ry ne le trouve pas dans notre personnalité le moi pur, « pronom universel » n'a pas de rapport avec un visage », « qui n'a pas d'histoire » et qui n'est en bref cerbation de la conscience, qu'une expérience, dépourvue de tout contenu, permanente et « le sujet psychologique », on se demande térature la plus moderne et du but qu'elle Jean Ricardou, à Nice, a justement insisté combien de jeunes écrivains aujourd'hui est toujours parmi nous, mais sa présence

JACQUELINE PIATIER

[...] L'Herme, 45 F., 9 F.

COMBAT LETTRES

CIORAN LE TROGLODYTE

Né en 1911 en Roumanie, E.M. Cioran y a fait des études de philosophie. Puis, venu à Paris, il s'est plongé dans la descente de soi-même [...]

> *" J'ai fui notre splendeur de patrie parce qu'elle avait sur moi un effet dissolvant. Mais, pour être juste, l'Occident ne m'a guère mieux réussi. Je le déteste pour ce qu'il est, et surtout pour ce qu'il espère... Le bilan de mon séjour ici (35 ans !) est, comme tu vois, plutôt négatif. "*
> (Lettre à Constantin Noïca, 2 janvier 1973).

catégories de l'existentialisme en vogue. Or il n'en fut rien. L'excellence et l'authenticité du ton lui furent immédiatement reconnues, pour la simple raison qu'il sonnait *vrai*, parce que loin de se ramener à une simple pose culturelle, son désespoir retentissait du « cri d'un homme qui se noie » (Maurice Nadeau). Ce cri, certes raffiné, l'intelligentsia française le reçoit comme un *don* et le reprend à son compte sans hésiter. Le climat de l'immédiat après-guerre la prédisposait sans doute favorablement à entreprendre cette cure de désillusion que proposait le livre de Cioran. Mais où, mieux que dans le pays de Montaigne, aurait pu être entendu celui qui déclarait se sentir « plus en sûreté auprès d'un Pyrrhon que d'un saint Paul [68]. » Cette chance propre à la France d'avoir eu « dès le départ un sceptique, en Montaigne, et non pas, comme l'Allemagne, un hystérique de la facture de Luther [69] » fut aussi celle de Cioran. Aucune des convulsions de l'histoire n'avait réussi à annuler dans ce pays la tradition d'une *neutralité* et d'un désabusement supérieur de l'esprit. Publié en France, ce livre aux inflexions pyrrhoniennes venait donc *de loin* et acquerait ainsi une autorité supérieure à celle que peut conférer un heureux hasard de conjoncture. L'étonnante réception du *Précis* n'est pas assimilable à un simple effet de mode. L'auteur y rendait à nouveau tangible ce lieu ultime de la solitude sceptique où, toutes certitudes mises à bas, ne subsiste plus que celle d'être définitivement et à jamais revenu de toutes. Cioran a répondu par *un délire de lucidité* aux obnubilations systématiques, provoquant ainsi un choc au sein de la communauté intellectuelle française, subitement remise en présence d'une constante oubliée de son propre esprit. Cioran en fut le premier surpris, comme en témoignent les lettres qu'il adresse alors à

---

[68]. E. M. Cioran, *Précis de décomposition, op. cit.*, p. 11.
[69]. *Ein Gespräch, op. cit.*, p. 48.

ses parents : « Que vous dire à mon propos ? Rien de nouveau, sinon qu'ici mon essai rencontre un assez grand succès. On en a parlé à la radio, dans la presse, dans les salons [70]. » Et le 20 janvier 1950 : « Je dois dire que le succès du *Précis* a dépassé mes attentes les plus optimistes. Le livre n'est pas destiné au grand public, il ne peut donc pas me rapporter grand-chose du point de vue financier. Mais au moins ne suis-je plus un pauvre étranger inconnu, ce qui signifie beaucoup dans un pays où le prestige joue un rôle immense. Les articles publiés sur moi ne sont pas très nombreux, mais ceux qui ont paru sont tous extrêmement élogieux. » Enfin, le prix Rivarol par lequel, une année auparavant, le comité de lecture craignait de sanctionner un manuscrit jugé trop pessimiste vient maintenant, en 1950, couronner la sortie du livre : « Vous vous souvenez que je m'étais présenté, l'année dernière, à un prix destiné aux auteurs étrangers. Le prix, alors, ne me fut pas accordé ; il m'a été décerné cette année, à l'unanimité du jury. À Paris, on tient ce geste pour un succès sans précédent [71]. »

Dans le texte rétrospectif qu'il écrit pour les lecteurs de la revue allemande *Akzente*, où il lui était demandé de présenter le *Précis de décomposition*, Cioran explique, trente ans après sa publication : « Le *Précis* était une explosion. En l'écrivant j'avais l'impression d'échapper à un sentiment d'oppression, avec lequel je n'aurais pu continuer longtemps : il fallait respirer, il fallait *éclater*. Je ressentais le besoin d'une explication décisive, non pas tant avec les hommes qu'avec l'existence comme telle, qu'il m'aurait plu de provoquer en combat singulier, ne fût-ce que pour voir qui l'emporterait. J'avais, soyons franc, la quasi-certitude que j'aurais le dessus, qu'il était impossible qu'elle triomphe.

Propos recueillis par Rosa Maria Pereda, *Le Magazine littéraire*, février 1984.

Article de Jean Chalon, *Le Figaro*, 23 avril 1977.

---

70. Lettre à ses parents, 21 décembre 1949.
71. À ses parents, 29 juin 1950.

Paris, 29 iunie

Iubiții mei,

Vă aduceți aminte că anul trecut m'am prezentat la un premiu, care se acordă unui scriitor străin ce a publicat o carte în franțuzește. Premiul nu l-am luat anul trecut, el mi-a fost decernat anul acesta, de unanimitatea comisiei. La Paris, gestul e considerat ca un succes fără precedent. În același timp, voi primi suma 50.000 de fr. (valoarea premiului). — Nu știu dacă o astfel de veste poate să vă bucure, date fiind turburările ce le încercați și situația materială prin care treceți. — Cred că măcar acum să puteți să-mi puteți avea niciun scrupul, și-mi puteți cere ce doriți.
Vă îmbrățișez cu drag
Mihuț.

Lettre à ses parents du 29 juin 1950.

La coincer, la pousser dans ses derniers retranchements, la réduire à néant par des raisonnements frénétiques et des accents rappelant Macbeth ou Kirilov – telle était mon ambition, mon propos, mon rêve, le programme de chacun de mes instants [72]. »

Ces mêmes mots auraient aussi bien pu être écrits à propos de son premier ouvrage en roumain, *Sur les cimes du désespoir* (1934), que Cioran qualifia plus tard de livre extrême. On y trouve la même frénésie du règlement de comptes, le même jusqu'auboutisme, le même cri libérateur. De ce point de vue, le *Précis* constitue la répétition, sur une autre scène et avec d'autres moyens d'expression, des débuts roumains. Elle traduit en fait la continuité d'un esprit qui, au regard de ses intuitions originaires, ne s'est pratiquement pas transformé : « Ma vision des choses n'a pas changé fondamentalement ; ce qui a changé à coup sûr c'est le *ton*. Le fond d'une pensée, il est rare qu'il se modifie vraiment; ce qui subit en revanche une métamorphose c'est la tournure, l'apparence, le rythme [73]. » Une telle emprise des intuitions originaires n'est pas courante dans l'histoire de la pensée. Il se pourrait qu'on la retrouve chez Kierkegaard. Elle est commune à des penseurs qui, passés maîtres dans l'art du paradoxe et de la contradiction, vivent dans la simultanéité ce que d'autres, asservis à la superstition de la cohérence, expérimentent dans le temps des grandes rétractations successives. Il n'en reste pas moins que l'expatriation dans une autre langue, qui advient avec le *Précis*, trace une ligne de fracture. La croyance, présente dans l'œuvre roumaine de Cioran, en l'accomplissement possible d'un destin individuel ou national, présupposait et entretenait un rapport constant entre *idéal* et *engagement*. Cette croyance est révolue. Le chapitre

" *Manquer sa vie,
on l'oublie trop vite,
n'est pas tellement facile :
il y faut
une longue tradition,
un long entraînement,
le travail de plusieurs
générations.
Ce travail accompli,
tout va à merveille.* "
(*La Tentation d'exister*, 1956).

---

72. Texte repris dans E. M. Cioran, *Exercices d'admiration, op. cit.*, pp. 177-178.
73. *Ibid.*, pp. 209-210.

> " *Chacun doit suivre sa voie, car la plus grande erreur qu'on puisse faire est de vouloir suivre un modèle. Il vaut mille fois mieux tout rater en demeurant ce qu'on est, que tout réussir en adoptant la démarche d'un autre. L'échec est un triomphe, si c'est notre échec. Périssons avec orgueil.* "
> (Lettre à Gabriel Liiceanu, 12 février 1983).

E. M. Cioran dans les années 50.

sur lequel s'ouvre le *Précis*, « Généalogie du fanatisme », constitue une dénonciation grandiose des idées qui perdent leur neutralité dès lors qu'elles s'insèrent dans l'histoire. Ce n'est qu'à ce stade que l'on peut parler, dans le cas de Cioran, de la cohérence achevée d'un scepticisme radical. Du haut de cette in-différence qui destitue les idéaux de leurs privilèges et récuse le bien-fondé de tout engagement, Cioran regardera son propre passé comme une forme de délire. Tout ce qui jusque-là était du domaine de l'*action* se trouve brusquement appréhendé sous le signe du ridicule, de la gesticulation, de l'*agitation* [74]. Ce regard nouveau impose que la vieille identité soit répudiée. « Au vrai, on devrait changer de nom après chaque expérience importante [75] », note-t-il dans *Écartèlement*. Le recours au français peut être interprété comme un tel changement de nom, destiné à marquer la *différence*. Cioran est désormais quelqu'un d'autre ; et l'autre, celui d'autrefois, l'emplit de perplexité, lui devient étranger. L'étranger, le sujet de l'agitation doit donc être réprimé, réduit au silence ; de là le besoin d'une mutation linguistique. Ce n'est pas au nom d'un quelconque jugement de valeur que Cioran abandonne la langue roumaine, mais au terme d'un divorce existentiel – une affaire où elle ne se trouva finalement mêlée que par hasard. Cioran lui rend hommage en permanence [76], mais le cortège d'implications affectives et d'associations involontaires qu'elle charrie le pousse chaque fois

---

74. Sur la distinction s'agiter-agir, voir *De l'inconvénient...* : « Tout ce qui se fait me semble pernicieux et, dans le meilleur des cas, inutile. À la rigueur, je peux m'agiter mais je ne peux agir », *op. cit.*, p. 60.

75. *Écartèlement, op. cit.*, p. 103.

76. « [...] mon enthousiasme pour notre idiome ne fait que croître au point que j'en suis à le considérer comme un des plus expressifs qui aient jamais existé. [...] » À Constantin Noïca, 5 mars 1970 ; « Notre langue est la plus poétique de toutes celles que je connais ou devine. Quelle chance, et quel malheur. Tout un peuple à jamais confiné dans l'intransmissible. » À Aurel Cioran, 27 novembre 1976 ; « Notre idiome est un des plus expressifs qui soient. [...] Quelle absurdité que d'écrire dans ces langues "civilisées", conventionnelles ! » À Aurel Cioran, 23 février 1979.

à la reléguer loin derrière lui. Il semble la craindre, comme on craint ce qui ravive les blessures d'un grand amour. Cioran entre dans la langue française, « cette langue de juristes et de législateurs [77] », à la manière d'un métal incandescent plongé dans la froideur glaciale de l'élément aquatique. « Être un barbare et ne pouvoir vivre que dans une serre [78] ! », dira Cioran à propos de lui-même, tandis qu'il associe volontiers le français à une camisole de force bonne à discipliner un sauvage [79]. Les débuts français se confondent sans conteste avec « le récit d'un cauchemar »; ils n'ont fait que réitérer *au plan de l'expression* le cauchemar d'une vie : l'aspiration à un idéal de passivité absolue de la part d'un tempérament proche de l'hystérie.

" Que tu as raison de demeurer fidèle à la philosophie ! J'ai eu le tort d'écrire des livres accessibles aux concierges et aux journalistes. "
(Lettre à Constantin Noïca, 29 décembre 1979).

« L'orgueil d'un homme né dans une petite culture est toujours blessé. » Ces mots, écrits par Cioran dans une de ses œuvres de jeunesse, pourraient nous livrer la clé, sinon de l'œuvre française, du moins du personnage qui l'a accompagnée dans l'ombre. Car demeurer dans l'ombre, tandis que les signes de votre existence pénètrent dans le monde, le provoquent et lui ravissent ses illusions est la marque infaillible d'un orgueil blessé. Le monde finit cependant par s'apercevoir que vous existez. Or, au moment précis où le public demande à voir et à acclamer celui qui lui fit goûter à la volupté des tortures stylisées, celui-là se retire davantage encore derrière ses livres, ces complots minutieusement mis au point. Cioran s'enferme dans son silence qu'il transmue à la fois en châtiment, mépris et vengeance.

Il se pourrait pourtant qu'un orgueil blessé, en ce qu'il tend à isoler l'auteur dans son mystère, soit un

À L'OMBRE DE LA NOTORIÉTÉ. LA REVANCHE D'UN ORGUEIL BLESSÉ.

---

77. *Cf.* Entretien avec F. J. Raddatz, *déjà cité*.
78. *Écartèlement, op. cit.,* p. 121.
79. *Ein Gespräch, op. cit.,* pp. 9, 29.

E. M. Cioran vers 1949.

bienfait pour l'œuvre. Car toute grande œuvre devrait ressembler à un temple où le dieu n'est jamais présent, mais seulement pressenti ou soupçonné. Les véritables mythes prennent corps autour d'une absence, d'un sépulcre désert, d'un vide auquel notre imagination supplée librement, lui conférant ainsi l'épaisseur et la richesse indéfinie de l'être. Il n'est pas d'apparition en pleine lumière qui, en revanche, ne dégrade. L'absence, la pénombre, l'énigmatique ont toujours l'avantage de ne pas décevoir. Cette habileté à ne jamais décevoir, cette capacité à résister aux modes culturelles et aux moyens d'information de masse, constitue peut-être, à côté de l'œuvre, l'autre grande réussite française de Cioran. Tâchons de pénétrer dans cet univers de l'ombre qu'a été la vie parisienne de Cioran.

D'abord la pauvreté. Celle-ci ne fut pas seulement pour Cioran un accident de la vie, mais bien un style de vie, le prix à payer pour l'indépendance absolue de son œuvre. Cioran s'est souvent vanté de n'avoir jamais rien fait : d'avoir obtenu de ses parents, tout jeune déjà, qu'ils « financent ses insomnies », puis d'avoir longtemps profité, en éternel sorbonnard, du restaurant universitaire et des distributions gratuites de lait aux étudiants [80]. En 1945, lorsque sa bourse arrive à échéance, sa situation matérielle devient franchement désespérée. Il reçoit des paquets (parfois de l'argent) de ses parents, un ami français l'aide de temps en temps, l'invite à sa table [81] ou encore à séjourner à la cam-

" J'ai toujours été chétif, genre « dégénéré ».
C'est un miracle que j'aie réussi à me traîner
si longtemps à la surface
de cette planète imbécile. "
(Lettre à Bucur Tincu, 1973).

---

80. Voici ce qu'il en écrit à ses parents : « Je continue à manger à la cantine [...]. » (15 février 1946.) « Je prends toujours mes repas au restaurant universitaire (25 francs le repas) dont je suis très satisfait. » (8 septembre 1946.) « Depuis un mois, je fais une cure de lait, lequel ne me coûte rien puisqu'il est distribué gratuitement aux étudiants. »(25 juin 1948.); « Je mange dans un lycée pour un prix ridicule. » (16 décembre 1948.) « À quarante ans, avoua-t-il plus tard à F. Bondy, j'étais toujours immatriculé à la Sorbonne, je mangeais au restaurant universitaire et espérais bien pouvoir continuer à le faire jusqu'à la fin de mes jours. » dans *Gespräche*, p. 112.

81. « Bien que n'ayant pas le sens pratique, j'ai commencé à voir les choses telles qu'elles sont. Mon expérience et mon peu d'illusions m'ont rendu plus adaptable et plus conciliant. Un ami m'a donné de l'argent et j'espère qu'il continuera à le faire. Il

pagne [82]. Il vivote en espérant décrocher une bourse auprès de l'État français, qu'il n'obtient toutefois qu'en 1950, grâce à la sortie du *Précis* [83], mais elle est de courte durée. Il sera – pour quelques mois seulement – traducteur dans une maison d'édition et continue alors de travailler chez lui [84]. L'interview qu'il accorde en 1970 à François Bondy, en allemand, paraît sous le titre *Der untätigste Mensch in Paris* (L'homme le plus inactif de Paris). « Seule une prostituée sans client est plus paresseuse que moi [85] », y précise Cioran, qui a toujours conçu comme sa grande réussite le fait d'avoir pu *choisir* sa vie : « Mieux que personne, j'ai eu la vie que j'ai voulue : libre, sans les servitudes d'une profession, sans humiliations cuisantes ni soucis mesquins. Une vie presque *rêvée*, une vie d'oisif, comme il en existe peu en ce siècle. J'ai lu beaucoup, mais uniquement des livres qui me plaisaient, et si j'ai peiné pour en écrire moi-même, l'effort qu'ils m'ont coûté a été compensé par la satisfaction de n'y avoir rien mis qui fût en contradiction avec mes idées ou mes goûts. Si je suis mécontent de ce que j'ai fait, je ne le suis pas en revanche du genre d'existence qui fut le mien. Cela est énorme [86]. » À une autre occasion, Cioran dira de Paris

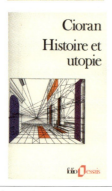

s'agit d'un homme généreux qui, de plus, m'invite très souvent à sa table avec du beau monde. Tout ce qu'il me demande en échange, c'est d'entretenir... la conversation, ce en quoi je me débrouille, je crois, réellement bien. Si j'étais silencieux de nature, je serais mort de faim depuis longtemps. » écrit-il à ses parents le 8 septembre 1946.

82. « [...] j'étais parti à la campagne chez un ami français, un médecin, où je vivais très bien. », *Ibid.*

83. « En dehors de ce que je gagne grâce à mes petites combines, j'ai réussi à obtenir pour cette année (1950-1951) une bourse de 10 000 francs par mois. Ce n'est pas énorme, mais c'est au moins quelque chose de sûr. Je l'ai obtenu grâce à la sortie du livre. » A ses parents, 30 novembre 1950.

84. « Je suis heureux de pouvoir enfin vous annoncer une bonne nouvelle : ma situation matérielle s'est arrangée, j'ignore pour combien de temps mais c'est sans importance... Je ne travaille que quelques heures par semaine à diverses traductions. Cela me laisse beaucoup de temps libre, je n'ai pas d'horaires de bureau : je fais tout à la maison. Je gagne entre 15 000 et 20 000 francs par mois, ce qui me permet de m'en sortir assez convenablement. » À ses parents, 25 juin 1948.

85. Entretien avec François Bondy, *op. cit.*, p. 112.

E. M. Cioran dans sa mansarde.
" *Tu as raison : dans n'importe quelle partie du monde, j'aurais eu la même vision des choses, le même tourment et le même dégoût. En soi, le fait de vivre à Rasinari ou à Paris n'a rien à voir avec ce qu'on est vraiment.* " (Lettre à Aurel Cioran, 9 mai 1979).

LA CHUTE DANS LE TEMPS

par E. M. Cioran

LES ESSAIS
CXIV

Gallimard

LE MAUVAIS DÉMIURGE

PAR E. M. CIORAN

LES ESSAIS CXLVII

nrf

GALLIMARD

E. M. Cioran
Des larmes et des saints

Méandres
L'Herne

SYLLOGISMES DE L'AMERTUME

PAR E. M. CIORAN

LES ESSAIS LII

nrf

GALLIMARD

qu'elle était « la seule ville du monde où on pouvait être pauvre sans en avoir honte, sans complications, sans drames. Paris était la ville idéale pour un raté [87]. »

La capitale française a toujours occupé une place à part dans la galerie des lieux mythiques cioraniens. Non pas celle des deux dernières décennies, ce Paris qui s'étend comme un chancre, où « tout est vicié, l'air et le reste », non pas le Paris « Babel terrifiante », devenu « un garage apocalyptique » d'où les arbres ont disparu, où les jardins publics « sont minuscules et pleins d'enfants et de vieux : un mélange d'hôpital et de cirque [88]. » Le Paris de Cioran, c'est « la ville fatiguée », la cité emblématique du crépuscule où le moi cioranien, dont la tonalité affective fut toujours d'ordre crépusculaire, se sent pleinement accueilli. De Sibiu, la cité transylvaine, où le jeune homme eut la révélation du couchant, à Paris, tout ce qui appartient au crépuscule n'a cessé de revêtir chez lui une importance vitale : l'échec individuel, la cité exsangue, le déclin d'une nation, la fatigue d'une langue, la lassitude d'une civilisation, l'épuisement de l'histoire même constituent les projections d'un esprit constamment au regret que quelque chose ait dû malgré tout exister.

Les premiers livres de Cioran, qui paraissent tous les quatre ans chez Gallimard à partir de 1949 [89], ne connaissent que des tirages réduits avant d'être repris en format de poche. Les revenus qu'il en tire sont modestes. Jusqu'en 1960, Cioran continue d'habiter

---

86. À Bucur Țincu, 29 avril 1974.
87. Voir son entretien avec Irene Bignardi, *déjà cité*.
88. À Aurel Cioran, 19 mai 1971, 7 juin 1969, 6 novembre 1975, 26 décembre 1975.
89. *Précis de décomposition* (1949), *Syllogismes de l'amertume* (1952), *La Tentation d'exister* (1956), *Histoire et utopie* (1960), *La Chute dans le temps* (1964), *Le Mauvais démiurge* (1969), *De l'inconvénient d'être né* (1973), *Écartèlement* (1979), *Exercices d'admiration* (1986), *Aveux et anathèmes* (1987). Et pour les traductions des ouvrages de jeunesse : *Sur les cimes du désespoir* (1990), *Le Livre des leurres* (1990), *Le Crépuscule des pensées* (1991), *Bréviaire des vaincus* (1993).

LIVRES

La médecine Cioran

Le plus grand prosateur français est roumain.
Nihiliste, mécréant, désespéré, caustique...
Assez : il déteste autant les adjectifs
et la louange que la gloire.

Exercices d'admiration, par E. M. Cioran. Arcades/Gallimard, 214 p., 42 F.

On referme son recueil d'essais et de portraits, à la fois électrisé et perplexe. Comment dire du bien de lui ? Ne craint-il pas que toute apologie n'aboutisse à un assassinat par enthousiasme « ? A ses yeux, n'est-ce pas un désastre pour un auteur que d'être compris ? Ne souhaite-t-il pas les « malentendus indispensables au prestige secret de l'écrivain » ? Le Roumain E. M. Cioran, qui est sans conteste le plus grand prosateur français d'aujourd'hui, rend à peu près impossible la tâche de ses admirateurs et se place avec entêtement dans une situation en même temps difficile pour lui et inconcevable hors de ce pays. Car c'est en France uniquement qu'un écrivain - à condition d'avoir beaucoup de talent - peut s'imposer par la pratique du secret, la politique de la dérobade. En conséquence de quoi, il risque, chemin faisant, de s'attacher 10 000 fanatiques (8 798, après la grippe de l'hiver, serait sans doute un chiffre plus proche de la réalité). Ceux-là le suivent avec passion, de livre en livre, lui sont reconnaissants de se tenir à l'écart de la foule aux fausses valeurs et de leur adhésion à un cercle d'initiés tirent un sentiment de supériorité non négligeable. On voit ainsi des garçons pleins d'avenir et d'intransigeance, mais qui n'ont pas le sou, placer une phrase de Cioran en épigraphe de leurs ouvrages, point, dans le même mouvement, au succès d'estime et au pilon.

Gracq et Michaux ont également établi leur autorité à partir de cette position de retraite, de ce campement sur les cimes, qui reposent des tumultes de la plaine et de la comédie généralisée, mais qui, conservés avec rigueur en toute circonstance, risquent de rejoindre ce que l'on entend éviter. Il est malaisé de se montrer modeste à chaque instant de sa vie et vain de le croire pour toujours à l'abri, quand on a commis la faute par laquelle on s'est fait connaître de quelques personnes : la publication d'un livre. Dès lors, on ne s'appartient plus. On est, malgré soi, enfermé dans un personnage. Pirandello a montré comment on finit par accepter l'idée que les autres ne vous - prisonnier jusqu'au ridicule, parfois. Le public qui, en 1982, se pressait au Collège de France pour écouter Borges aperçut un aveugle ! Le poète ne faisait pourtant qu'obéir à sa légende. Comme Cioran se conforme à la sienne en refusant des prix juteux qui entraîneraient des passages à la télévision, des interviews ! Cependant, à l'étranger, il s'entretient avec des journalistes et prononce des conférences. C'est le complexe de Sissi. Une boutade ? Pas du tout. Cioran est hanté par la figure d'Elisabeth d'Autriche, phobique du regard, fuyant la presse, supérieure à sa renommée de feuilleton, exilée perpétuelle : par ses malheurs, elle lui semble incarner notre décadence de l'Occident qui l'obsède. L'un de ses textes sert même de préface à une réédition des Mémoires de l'impératrice - mais en Allemagne seulement. Courez après la gloire, elle se dérobe. Méprisez-la, elle vous harcèle. Il y a, actuellement, dans toutes les rédactions parisiennes quelqu'un en train de dire : « Tiens, le dernier » Cioran, cela sera regardé, quoi que fasse l'auteur, comme un événement. Une occasion

L'Express 24-30 juin 86

Article de Angelo Rinaldi, *L'Express*, 24-30 janvier 1986.

dans des hôtels bon marché du quartier Latin (le dernier en date se trouvant rue Racine), avant d'emménager définitivement dans son célèbre appartement mansardé du cinquième étage – en fait deux chambres de bonne accolées l'une à l'autre –, situé près du théâtre de l'Odéon. Plus tard, en 1974, il craindra pendant un temps d'en être expulsé, sans espoir de pouvoir se reloger dans d'aussi bonnes conditions [90].

Les prix littéraires qui lui sont décernés – Rivarol, Sainte-Beuve, Combat, Nimier –, parfois substantiels, se voient tour à tour refusés, à l'exception du premier. « On ne peut écrire un livre comme *De l'inconvénient d'être né* et puis encaisser un prix littéraire », explique-t-il. Lorsqu'il décline, en 1977, le prix Roger Nimier, qui lui est attribué pour l'ensemble de son œuvre, Cioran écrit le 8 juin à son frère : « Aujourd'hui même j'ai refusé un prix littéraire. Pas d'honneurs ! » Et quelques jours plus tard : « Toute la presse d'ici a parlé de mon refus d'un prix littéraire sans aucune importance à mon avis. Mais certains ne comprennent pas qu'on puisse renoncer à dix mille francs. Depuis longtemps j'ai pris la décision de n'accepter aucune distinction de ce genre [91]. » L'ampleur de la notoriété acquise en France « par la pratique du secret et la politique de la dérobade » est inversement proportionnelle au nombre de ses apparitions à la télévision ou des entretiens qu'il accorde à la presse, à Paris comme à l'étranger [92]. Les rares fois où Cioran se laisse

---

90. « Pour comble, on veut me mettre à la porte du logement que j'occupe, ce qui, si la menace se matérialisait, ferait de moi une espèce de clochard. » À Bucur Țincu, 29 avril 1974.

91. À son frère, 14 juin 1977.

92. Les entretiens accordés par Cioran en Allemagne, en Espagne, en Suisse et en Italie n'en sont pas moins savoureux en soi. Parmi les plus importants, mentionnons l'entretien avec Helga Perz du *Süddeutsche Zeitung* (1978), celui avec Rosa Maria Pereda de l'hebdomadaire espagnol *Cambio 16* (1984); la discussion de Tübingen avec Gerd Bergfleth (1984), et l'entretien pour *Die Zeit* accordé à Fritz J. Raddatz (1986). Ces entretiens contiennent de précieux renseignements sur la personnalité de Cioran.

L'éblouissement d'un exilé célèbre
"Je souffrais tant d'être roumain"

PAR CIORAN
La première joie d'un philosophe du pessimisme

Propos recueillis par Jean-Louis Ezine,
Le Nouvel Observateur, 28 déc. 1989-3 janv. 1990.

LES IDÉES ET LES ŒUVRES par *Claude MAURIAC*
La nuit obscure de Cioran

E.-M. Cioran

Article de Claude Mauriac, *Le Figaro*,
24 novembre 1973.

ESSAI
Le procureur Cioran

Au procès de l'espèce humaine, un nouveau réquisitoire d'E.M. Cioran — trop brillant pour être désespérant...

On le savait depuis Ionesco, et même depuis la pauvre, chère et très « kitsch » Anna de Noailles, née princesse Brancovan : les Roumains, quand ils débarquent à Paris, ce n'est pas pour nous dire des choses drôles. Mais le fait est qu'en matière de nihilisme Cioran les bat tous, qu'ils soient ses compatriotes, des aborigènes des Carpates, ou d'autres travailleurs immigrés comme l'Irlandais Beckett. Les titres de ses premiers essais — « Précis de décomposition », « Syllogismes de l'amertume » — annonçaient la couleur, qui n'était pas le rose. Il y est resté fidèle.

Personne ne surpasse en rage dans la dénonciation de la qualité d'homme ce procureur sexagénaire qui manie le français pur des moralistes du XVIIIe siècle. A côté de lui, les mystiques de jadis, retirés au désert pour méditer dans le silence et la pouillerie sur les vanités de ce monde, font figure d'optimistes. Ceux-là, au moins, se consolaient avec l'idée de Dieu. Cioran, pour sa part, ne croit à rien, et la tâche des bacheliers de l'avenir s'en trouvera simplifiée : priés de définir sa pensée, il leur suffira d'ouvrir leurs mains vides.

En effet, à l'entendre, il n'y a de réel que le néant. Nous subissons tous le châtiment d'en avoir été tirés pour être jetés dans cette parenthèse de vide et de neurasthénie vide qu'on appelle l'ordinaire des jours. Et c'est bien fait pour nous.

Mensonges et infamies. Procédant comme Nietzsche par éclairs et aphorismes, avec une verve sarcastique, il s'emploie à détruire toutes les illusions capables de nous aider à supporter le passage, assurément pénible, du ventre à la terre maternels. Le mystère est que le lecteur — déshabillé, fouetté, pris au piège de ses mensonges et de ses médiocres infamies — ne le quitte pas pour se jeter à l'eau. Au contraire, il abandonne tout ragaillardi et philosophe qu'il ne jargonne pas, et qui a choisi d'écrire, non des ouvrages puissamment étayés, mais des fragments, sans doute pour épargner à la postérité le soin d'en faire le tri.

Bien sûr, il y a des baisses de courant dans ce livre qui électrise et communique une puissante excitation intel-

L'EXPRESS - 18-24 mars 1974

Article de Angelo Rinaldi,
L'Express, 18-24 mars 1974.

Extraits de la presse de langue allemande.

convaincre, il semble le regretter aussitôt après. Voici en quels termes il commenta lui-même quelques-unes de ses « sorties » : « J'ai donné une interview – en allemand – à la télévision suisse, mais je dois reconnaître que ce genre d'activité me déplaît. Dès qu'on veut gagner un peu d'argent, on se déshonore [93]. » Et quelques années plus tard : « J'ai fait la bêtise de donner une interview à la télévision allemande. Un des deux interlocuteurs était ivre, et n'a fait que me couper la parole chaque fois que j'étais sur le point de dire quelque chose de sensé. Et puis je ne suis pas bon pour ce genre de choses. J'ai accepté par faiblesse. Tant pis – pour moi. Plus on vieillit, plus on cesse de s'estimer. D'où les concessions qu'on fait et qu'on regrette inévitablement. Du moins me suis-je servi de l'occasion pour parler un peu de Sibiu [94]. »

Propos recueillis par Irene Bignardi, *La Repubblica*, 13 octobre 1982.

L'indifférence affichée de Cioran à l'égard du public, de la publicité et du succès en général participe chez lui d'une peur fondamentale face aux formes les plus subtiles de dépossession de l'identité, de toutes celles susceptibles de guetter un auteur. Le public doit par conséquent être exécré ; il est le lieu par excellence de la décentration, il représente le miroir brisé, la face émiettée de l'auteur. Le succès constitue toujours une forme de trahison. L'endurer, c'est endurer le martyre de la déformation, consentir à une forme suprême de déclin. Pour qui travaille à la quête infinie de soi, le contact avec le public représente un danger mortel. En l'évitant, Cioran ne fit que préserver ses sources d'inspiration. « Le bruit qu'on fait autour de moi me gêne et me déçoit. Je savais qu'un jour il serait inévitable, mais mon orgueil le situait après la catastrophe future.

L'élaboration de ce texte leur doit beaucoup. Les plus significatifs d'entre eux sont publiés dans E. M. Cioran, *Entretiens*, Paris, Gallimard, 1995.
93. À son frère, 5 janvier 1971.
94. À son frère, 6 novembre 1978.

> *" Je lis beaucoup, mais je n'appelle pas ça travailler. Travailler, c'est écrire. Or, j'écris peu, presque rien. À quoi bon multiplier le nombre des livres ? Il faut un minimum de naïveté pour dire quoi que ce soit, même pour nier. Parfois le diable lui-même me paraît passablement innocent, en proie aux illusions. "*
> (E. M. Cioran).

C'était à l'attention de survivants, et non d'agonisants, que s'adressaient mes appréhensions. Il n'y a pas de plus grand drame que d'avoir été compris trop tôt [95]. » Être compris trop tôt constitue l'équivalent *temporel* de la coexistence *spatiale* avec un public dévoreur du moi. De même qu'il vaut mieux être compris plus tard, de même est-il préférable de se rapporter au public de loin, de façon qu'il atteigne un degré d'abstraction proche de l'absence. Ce pourrait être la raison pour laquelle Cioran s'est toujours montré plus sensible à l'écho rencontré par ses livres à l'étranger, en Espagne, en Italie, en Allemagne ou au Japon. Quand, à l'occasion de la sortie du *Mauvais démiurge*, le *Monde* lui consacre une double page, Cioran écrit à son frère : « Je t'ai envoyé une double page du *Monde* sur... moi. J'ai essayé d'arrêter toute cette affaire mais il n'y a eu rien à faire [96]. » Son irritation atteint son paroxysme lorsqu'il constate le succès de librairie d'*Écartèlement*, « Voilà que ce livre-ci, qui est sûrement moins bon que les autres, tout le monde s'est mis à en parler. Phénomène inexplicable et... déprimant. J'ai demandé à mon éditeur d'arrêter toute publicité, et je t'assure, s'il était en mon pouvoir je retirerais ce pauvre *Ecartèlement* du commerce [...] [97]. » Cioran suit en revanche avec intérêt les réactions que suscitent ses premières traductions en espagnol : « La seule surprise agréable que j'aie eue depuis longtemps est le succès du *Précis* en Espagne, parmi les gens de gauche [98]. » Il relate à son frère les tribulations du *Mauvais démiurge* au pays de l'Inquisition : « *Le Mauvais démiurge* qui devait paraître ces jours-ci en Espagne a été saisi et interdit par la censure. Le livre serait athée, blasphé-

---

95. À Gabriel Liiceanu, 28 janvier 1987.
96. À son frère, 28 juin 1969.
97. À son frère, 25 novembre 1979.
98. À son frère, 2 mars 1973.

SUPPLEMENT AU NUMERO 7606

ÉTUDE

CIORAN OU LE NIHILISME CONTEMPLATIF

« L'homme et ses contradictions »

ALAIN BOSQUET.

Pour Gabriel Marcel

UN ALLIÉ A CONTRE-COURANT

Portrait de Cioran, par A.-C. Martin.

GABRIEL MARCEL, de l'Institut

Un Roumain, grand moraliste français

Aux Éditions Gallimard

Précis de décomposition (1949)

Syllogismes de l'amertume (1952)

La Tentation d'exister (1956)

Histoire et Utopie (1960)

La Chute dans le temps (1964)

Le Mauvais Démiurge (1969)

Aux Éditions du Rocher

Joseph de Maistre (1957)

DÉODAT ROCHÉ

L'ÉGLISE ROMAINE ET LES CATHARES ALBIGEOIS

DE LA TENTATION D'EXISTER A LA QUÊTE DU VIDE

Des steppes de fin du monde

Tourisme de l'âme

« Une poussière éprise de fantômes »

JEANNINE WORMS

FLORILÈGE

« Précis de décomposition »

« La tentation d'exister »

« Syllogismes de l'amertume »

« Histoire et utopie »

« La chute dans le temps »

« Le mauvais démiurge »

Le Monde, 28 juin 1969.

E. M. Cioran en 1987.

matoire, anti-chrétien. L'inquisition n'est pas morte. Que tout cela est ridicule [99] ! » Le livre sera publié ultérieurement.

Son indifférence, ou plutôt son aversion pour la publicité et le succès vont de pair, chez Cioran, avec le regard distant qu'il porte sur ses propres livres. Il a condamné en bloc ceux écrits en roumain. « J'ai écrit quelques livres en Roumanie [...] tel un animal, mû par l'instinct. Je ne songeais jamais au style [100]. » Le *goût* est, selon lui, celui qui souffrit le plus du lyrisme excessif de ses premiers ouvrages. Il leur concède en revanche leur qualité « infernale », leur authenticité provocatrice, tous écrits – quelle exégèse du supplice ! – sous l'incandescence des extrêmes. « C'est mauvais, s'exclame-t-il en refeuilletant, en 1981, *Sur les cimes du désespoir*, mais c'est fou. » Il tient *Des larmes et des saints* pour « un livre très mal écrit » mais, ajoute-t-il, « il y a quelque chose, une frénésie dont je ne serais pas capable aujourd'hui. Avec l'âge, on devient plus froid, même la folie qu'on a en soi se glace [101]. » Même les livres ratés trouvent finalement grâce à ses yeux, dans la mesure où ils constituent le commentaire indirect d'un âge de l'existence. « Les *Syllogismes* paraîtront en livre de poche. C'est ce que j'ai écrit de plus mauvais. [...] N'empêche que ces boutades donnent une idée assez exacte de ce que j'ai été à un certain moment [102]. » Il juge *De l'inconvénient d'être né* comme « ni bon ni mauvais, j'y parle d'un tas de choses, même de Rasinari [...], c'est un ramassis de réflexions et d'anecdotes, dans le genre à la fois futile et funèbre » [103]. Il conseille à son frère de ne pas lire *La Chute dans le temps*, « c'est ennuyeux : un recueil de prédications. Cela aurait dû

"J'admire ta façon d'affronter la vieillesse autant que je déplore ma capitulation. Jamais je n'aurais cru qu'un jour je serai frappé de modestie. Je n'en reviens pas vraiment. Quelle dégringolade !"
(Lettre à Aurel Cioran, 22 octobre 1987).

---

99. À son frère, 6 juin 1974.
100. *Ein Gespräch, op. cit.*, p. 29.
101. À Aurel Cioran, 14 juin 1972.
102. À Aurel Cioran, 17 février 1976.
103. À Aurel Cioran, 10 novembre 1973.

s'intituler *Les Sermons d'un sceptique* ». Mais il lui recommande *Le Mauvais démiurge* comme une lecture réconfortante [104].

L'ADIEU AU VERBE.

Peu d'auteurs, revenant sur ce qu'ils ont écrit, ont comme Cioran formulé des jugements aussi sévères sur leur œuvre. Remarquons toutefois qu'il s'en est à lui seul réservé le droit. Quand Constantin Noïca lui notifie qu'il a trouvé *Le Mauvais démiurge* « édifiant », Cioran commente : « C'est le type même du compliment équivoque et même perfide [105]. » Pour qui sait le malaise éprouvé par Noïca devant tout discours édificateur, l'observation s'avère au demeurant parfaitement fondée. Les réserves que suscitent *De l'inconvénient d'être né* donnent lieu, chez Cioran, à des remarques de ce type : « Mon livre a été très mal reçu par mes amis ici, comme là-bas, pour des raisons sur lesquelles il ne serait pas charitable d'insister. Les amis ne nous aiment vraiment que lorsque nous avons l'élégance de mourir [106]. »

A en croire Cioran, il n'est pas un de ses livres qui ne fut la projection d'une poussée d'ambition – la dernière promet-il chaque fois – au sein d'un univers dominé par le dégoût pour tout ce qui relève de la réussite littéraire, à commencer par la sienne. « Pour te dire la vérité, avouait-il déjà à son frère le 12 décembre 1968, j'ai perdu le goût d'écrire, plus précisément de publier. Je ne crois plus aux livres et ne vois pas l'utilité d'en multiplier le nombre » (17 janvier 1970). « Très curieusement, plus on avance en âge, plus il me semble ridicule de vouloir (ou d'avoir voulu) faire une carrière littéraire » (15 juillet 1974). « J'ai perdu toute

---

104. À Aurel Cioran, 24 avril 1969.
105. À Aurel Cioran, 24 mai 1969.
106. À Aurel Cioran, 1er avril 1974.

envie d'écrire » (16 novembre 1977). « Je n'ai plus envie de rien » [...]. « Je n'ai même pas envie de terminer un livre que j'ai commencé il y a longtemps. À quoi bon un autre livre ? (23 février 1978) [107]. » Cioran, entre-temps, en publiera trois. Mais pouvait-il en être autrement ? « Tant qu'il y aura encore un seul dieu *debout*, la tâche de l'homme ne sera pas finie [108]. » La tâche de Cioran, aussi longtemps que l'homme n'aura pas mis à bas toutes les idoles de ce monde, ne sera pas finie. Puisque de lui-même, de cette idole qui veille au cœur de son œuvre, Cioran ne se départira jamais.

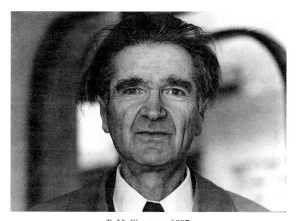

E. M. Cioran en 1987.

---

107. À ces citations issues de sa correspondance avec son frère, on pourrait en ajouter beaucoup d'autres allant dans le même sens. Voici, par exemple, ce qu'il écrit à Constantin Noïca le 1er juillet 1981 : « Nous sommes des damnés et avons fait une "œuvre" en conséquence. Il va sans dire que ce mot d'œuvre ne s'applique pas à mes pauvres fragments. Si tu savais à quel point j'en suis détaché ! »
108. E. M. Cioran, *Aveux et anathèmes*, Paris, Gallimard, 1987, p. 146.

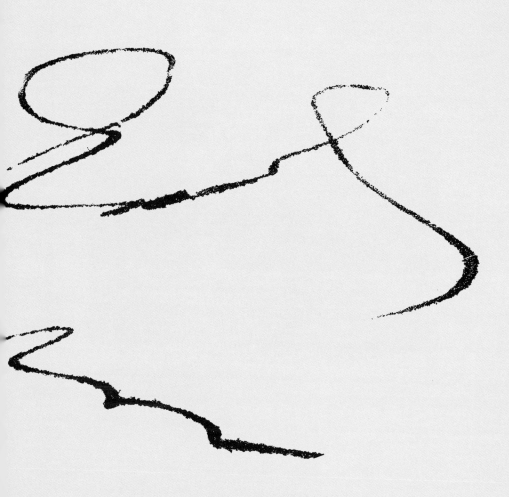

" *Dans la vieillesse, on passe de déshonneur en déshonneur, et,*
ce qui est inouï, c'est qu'on y prend un certain plaisir. "
(Lettre à Gabriel Liiceanu, 12 février 1983).

E. M. Cioran en 1990.

LES CONTINENTS DE L'INSOMNIE*

Gabriel Liiceanu : Le problème du destin vous a toujours fasciné : les grands destins individuels, accomplis ou ratés, en marge desquels vous avez écrit quelques *Exercices d'admiration* – mais aussi le destin des peuples, avec leur gloire et leur décadence. Vous vous êtes cependant toujours penché sur le destin des autres. Vous aurez bientôt quatre-vingts ans. Quel regard portez-vous sur votre propre destin ?

E. M. Cioran : Je dirais que j'ai eu le destin que j'ai voulu. Toute ma vie, j'ai été obsédé par la liberté, l'indépendance – et je les ai obtenues. Mais je considère aujourd'hui que mon destin s'est achevé. Il y a un an, ou peut-être davantage, j'ai pris la décision de ne plus écrire.

G.L.: Ce n'est pas la première fois, au cours de ces dix ou vingt dernières années, que vous prenez une telle décision, me semble-t-il.

E. M. C.: Cette fois, c'est sérieux.

G.L.: De chacun de vos livres, vous avez dit qu'il s'agirait du dernier. Et, chaque fois, d'autres ont suivi.

E. M. C.: Oui, mais aujourd'hui c'est sans appel.

---

* Entretien filmé à Paris dans l'appartement de E. M. Cioran les 19, 20 et 21 juin 1990.

La décision de ne plus écrire répond maintenant en moi à des raisons presque physiologiques, si vous voulez. J'ai senti que quelque chose avait changé.

G.L.: En quel sens ?

E. M. C.: Quelque chose s'est cassé, s'est... brisé en moi. Et puis les écrivains, en général, surtout en France, écrivent jusqu'à leur mort. Cela n'a pas de sens. A quoi bon multiplier les livres ? Tous les écrivains en ont trop écrit à mon avis.

G.L.: Est-ce aussi votre cas ?

E. M. C.: Oui, mais les grands écrivains aussi ont trop écrit. Shakespeare a exagéré. En ce qui me concerne... j'en ai tout simplement assez de calomnier l'univers. Ça ne m'intéresse plus !

G.L.: Vous avez pourtant cumulé plus de quinze volumes sur le thème de l'inutilité et de la mort.

E. M. C.: C'est une question d'obsession. Mon

œuvre – ce mot me donne la nausée – est née de raisons médicales, thérapeutiques. Si je n'ai fait qu'écrire le même livre, en marge des mêmes obsessions, c'est pour avoir constaté que cela me libérait, en quelque sorte. J'ai vraiment écrit par nécessité. La littérature, la philosophie, que sais-je encore, ne furent pour moi qu'un prétexte. L'acte d'écrire comme thérapeutique, c'était cela l'essentiel.

G.L.: Vous estimez-vous guéri aujourd'hui ?

E. M. C.: Non, je ne suis pas guéri. Pas guéri, simplement fatigué...

G.L.: Mais comment une œuvre plaidant pour l'inutilité et le non-sens peut-elle aider ?

E. M. C.: Elle aide parce qu'elle formule ce que d'autres sentent sans avoir les moyens de l'exprimer. Elle aide le lecteur à prendre subitement conscience de ce qu'il éprouve. Elle l'aide en somme à se retrouver.

G.L.: Mais fixer le désespoir, n'est-ce pas une façon de le faire fonctionner de manière plus cohérente ?

E. M. C.: Tout ce qui est formulé devient plus tolérable. L'expression ! voilà le remède. À quoi rime finalement d'aller se confesser à un prêtre ? Cela nous libère. Tout ce qui est formulé perd en intensité. C'est cela la thérapeutique, le sens de la thérapeutique par l'écriture. Si je n'avais pas écrit, les états dépressifs que j'ai connus m'auraient sans aucun doute mené à la folie ou auraient fait de moi un raté complet. Le fait de les avoir formulés s'est révélé d'une remarquable efficacité, je dois dire. J'aurais à coup sûr mal tourné si je n'avais pas écrit. C'est comme ça que j'ai produit environ cinq livres en roumain et... huit ou neuf en français.

G.L.: Et maintenant ?

E. M. C.: Maintenant... terminé ! Ça suffit comme ça ! J'ai cessé d'écrire, car je sens en moi comme une diminution ; une baisse d'intensité. Ce qui compte, c'est l'intensité d'une émotion, d'un sentiment. Or

Quelque chose s'est cassé, s'est... brisé en moi.

c'est justement cela qui a disparu. J'ai commencé à observer en moi une sorte de fatigue, de dégoût de l'expression. Je ne crois plus aux mots. Et puis le spectacle de la littérature à Paris ! Tout le monde écrit du matin au soir sans interruption... Moi, j'ai nié, j'ai nié toute ma vie... Mais cette négativité militante, je n'en éprouve plus le besoin aujourd'hui ! Il s'agit réellement d'un phénomène d'usure.

G.L.: Cette fatigue-là vous a réconcilié avec le monde...

E. M. C.: Non, elle m'a simplement diminué. J'ai toute ma vie nourri cette extraordinaire prétention d'être l'homme le plus lucide que j'aie connu. Une forme incontestable de mégalomanie. Mais au vrai, j'ai toujours eu le sentiment que les gens vivaient dans l'illusion – moi excepté. J'étais profondément convaincu qu'ils ne comprenaient rien. Il ne s'agit pas là d'une forme de mépris, mais simplement d'un constat : tout le monde se trompe, les gens sont naïfs. Moi, je m'arrogeais la chance – ou la malchance, comme vous préférez – de ne pas me tromper, et par là même, de ne participer au fond à rien, de jouer une comédie à destination des autres, sans y prendre réellement part.

G.L.: Pensez-vous, avec le recul, avoir eu raison ?

E. M. C.: Absolument !

G.L.: On vous a décerné, au cours de votre vie, toute une série de prix littéraires – Rivarol, Sainte-Beuve, Combat, Nimier. À l'exception du premier, vous les avez tous refusés. Pourquoi ?

E. M. C.: Le spectacle des prix à Paris m'a dégoûté ; le fait que tous les écrivains se livrent à l'impossible pour en obtenir un. C'est devenu une véritable industrie. J'ai vite compris qu'on n'a pas le choix : ou on les accepte tous, ou on les refuse tous. Au début, j'en ai accepté un...

G.L.: ...Le prix Rivarol, pour le *Précis de décomposition*.

J'ai toute ma vie nourri cette extraordinaire prétention d'être l'homme le plus lucide que j'aie connu.

E. M. C.: Celui-là, il m'était impossible de le décliner. Le geste aurait été pris pour une insolence.

G.L.: Mais, tout de même, ces refus successifs ne sont-ils pas une forme de publicité inversée ? Cela entretient la rumeur, éveille la curiosité.

E. M. C.: Non, j'avais pris dès le départ la décision de refuser les prix.

G.L.: Est-ce pour la même raison que vous n'avez accordé que très peu d'entretiens, et systématiquement refusé d'apparaître à la télévision en France ? Vous êtes considéré comme un des auteurs les plus « rétractiles » de la scène parisienne.

E .M. C.: Quand on vit à Paris et qu'on assiste au spectacle de la vie littéraire, on est bien obligé de prendre une décision. Ou bien on se conduit comme les autres ou pas.

G.L.: Vous ne vous sentez pas tenu d'assumer l'aspect extérieur de votre œuvre ? Toute œuvre est liée à un public, tout public signifie publicité...

E. M. C.: Oui, mais d'autres n'ont qu'à s'en charger ; l'éditeur, pas moi. Je ne tiens pas à m'en mêler. Je ne vais tout de même pas sortir dans la rue avec ma marchandise ! Et puis je suis un rien fataliste. Chaque écrivain a son destin. Refuser les prix, c'est aussi une

Je savais qu'il n'était pas permis de jouer au foot avec des crânes, j'étais bien conscient qu'il s'agissait d'une chose anormale.

Détail du cimetière de Rasinari.

manière de protester contre les mœurs littéraires en France.

G.L.: On sait, en France, que vous êtes né dans un village de Transylvanie, Rasinari, mais la plupart des gens ignorent à quel point ce lieu vous a marqué. Vous avez à plusieurs reprises assimilé votre départ de Rasinari à l'expulsion du paradis.

E.M. C.: Mon enfance a vraiment été paradisiaque.

G.L.: Certains lieux reviennent de façon récurrente dans votre correspondance à votre frère ou à vos amis restés en Roumanie : le cimetière, le verger qui l'avoisine, l'église où officiait votre père, Coasta Boacii – la colline qui surplombait le village, espace quasi légendaire du jeu éternel. On lit, dans une lettre adressée à Constantin Noïca [1], votre fameuse phrase : « A quoi bon avoir quitté Coasta Boacii ? »

E. M. C.: Le paysage est une question capitale. Quand on a vécu à la montagne, le reste vous semble d'une médiocrité sans nom. Règne là-bas une poésie primitive. Je dois reconnaître que Coasta Boacii a joué pour moi un rôle essentiel. J'y allais et je dominais le village...

G.L.: Les autres lieux de votre enfance revêtent-ils aussi une signification à part ?

E. M. C.: Oui, en particulier le cimetière. Le fossoyeur était mon ami. C'était un homme très sympathique et il savait que mon plus grand plaisir était de recevoir des crânes. Lorsqu'il enterrait quelqu'un, j'accourais immédiatement pour voir s'il ne pouvait pas m'en donner un.

G.L.: Pourquoi cette attirance pour les crânes ?

E. M. C.: Ce qui me plaisait, c'était... c'était de jouer au football avec. J'avais un faible pour les crânes. Aussi, j'aimais bien voir le fossoyeur les déterrer.

1. Voir note p. 13.

G.L.: Était-ce un plaisir morbide ou un jeu innocent ?

E. M. C.: Les deux, je crois. En tout cas, j'aimais jouer au football. Je me souviens quand je suivais des yeux le crâne qui tournoyait en l'air, et me précipitais pour l'attraper... C'était plutôt un sport naïf. Je savais qu'il n'était pas permis de jouer au foot avec des crânes, j'étais bien conscient qu'il s'agissait d'une chose anormale. D'ailleurs, je n'en parlais à personne. Pourtant, cela ne relevait pas d'un sentiment morbide, mais procédait plutôt d'une sorte de familiarité avec l'univers de la mort : il y avait la proximité du cimetière, les enterrements...

G.L.: Mais cette familiarité aurait dû précisément vous détacher du problème de la mort, vous amener à porter sur elle un regard plus serein. Or la mort a tourné chez vous à l'obsession.

E. M. C.: Je ne pense pas que l'on puisse faire remonter mon obsession de la mort à cette expé-

rience-là, à mes sept ou huit ans. Inconsciemment, elle a pu jouer plus tard. La mort a, en fait, commencé à m'obséder dès l'âge de seize ou dix-sept ans, et cette obnubilation a atteint son paroxysme lorsque j'écrivais *Sur les cimes du désespoir*. Le phénomène est donc tardif, mais il n'est pas exclu que la fréquentation du cimetière m'ait marqué. Les enterrements auxquels j'assistais plus ou moins, les pleurs, les lamentations ne pouvaient pas me laisser indifférent. Il m'est toutefois difficile de préciser quand, au juste, les sensations se sont converties en problèmes.

G.L.: Je vous propose de quitter le paradis pour retracer vos premiers pas dans la vie, après en avoir été chassé ; vos premières lectures...

E. M. C.: Le jour le plus triste de ma vie fut celui où mon père me conduisit en carriole à Sibiu. Je n'oublierai jamais ce jour-là ; j'avais l'impression que toute ma vie s'effondrait, qu'on me conduisait à la mort. Jamais je ne l'oublierai !

G.L.: Vous entamez vos premières lectures philosophiques à l'âge de quatorze ou quinze ans. J'ai pu consulter vos cahiers de notes de l'époque : Lichtenberg, Schopenhauer, Nietzsche.

E. M. C.: Puis Kierkegaard. Je me souviens, à l'époque où je dévorais Kierkegaard, il y avait un jardinier – les gens disaient qu'il était un peu simplet. Un beau jour, il m'interpelle : « Eh, mon p'tit m'sieur ! Pourquoi que vous lisez tout le temps ? - Comme ça, parce qu'il faut bien... - C'est pas dans les livres que vous la trouverez, la vérité, c'est pas dans les livres qu'y faut chercher. » Je l'ai regardé et me suis dit : celui-là c'est un type qui pense, qui a compris.

G.L.: Vous aviez saisi cela très tôt, mais vous êtes pourtant devenu l'un des lecteurs les plus enragés du siècle ?

E. M. C.: J'ai lu énormément, c'est vrai. Toute ma vie, j'ai lu comme une forme de désertion. Entrer dans la philosophie, dans la vision d'un autre, était une sorte de fuite, une façon d'échapper à moi-même.

G.L.: Pourquoi n'avoir pas recherché d'autres variantes de l'oubli, l'alcool par exemple ?

E. M. C.: Comment cela, mais je me soûlais très souvent !

G.L.: Vous vous soûliez ! Quand ?

E. M. C.: En ce temps-là, dans ma jeunesse, très souvent. J'étais même quasi persuadé de devenir ivrogne tant j'aimais l'état d'inconscience et l'orgueil dément de l'ivrogne. À Rasinari, où je revenais passer mes vacances, j'admirais énormément les ivrognes classiques, ceux qui se soûlent tous les jours. Il y en avait un en particulier, toujours flanqué d'un violoniste, qui sifflait et chantait à longueur de journée. Voilà le seul type intéressant du village, me disais-je, le seul qui sache s'y prendre, qui ait compris quelque chose à la vie. Alors que les gens du village vaquaient depuis longtemps à leurs travaux, lui seul se distrayait. Il avait hérité d'un oncle d'Amérique, deux ans après il avait tout dilapidé, il ne lui restait plus un kopeck. Heureusement, il a eu la chance de mourir.

G.L.: Lorsque vous faites l'éloge de ces gens, de leur chute et de leur déchéance, on vous reproche souvent de vouloir épater le bourgeois, de donner, en somme, dans un certain « terribilisme » adolescent.

E. M. C.: C'est là, comment dirais-je, l'explication facile. À vrai dire, la véritable explication, celle qui correspond en moi à quelque chose de profond, renvoie, si étrange que cela paraisse, au malheur que j'ai toujours éprouvé d'avoir des parents normaux, des parents bien convenables. Je garde en mémoire ce souvenir, qui remonte à ma période d'insomnies. Je me trouvais seul à la maison avec ma mère et, saisi d'une crise subite, je me suis jeté sur le lit en hurlant : « Je n'en peux plus ! Je n'en peux plus ! » Et ma mère, qui était femme de prêtre, m'a répondu : « Si j'avais su, je me serais fait avorter. » Cela m'a fait brusquement un immense plaisir : je n'étais donc qu'un simple accident. Dans ces conditions, que pouvais-je encore espérer ?

G.L.: Mais qu'est-ce qui vous tourmentait au juste ?

E. M. C.: Une tension nerveuse extrême, due à mes insomnies. J'étais quelqu'un de presque normal avant cela. Le fait de perdre le sommeil a été pour moi une révélation, je me suis alors rendu compte que le sommeil est une chose extraordinaire, que la vie n'est supportable que grâce à lui : chaque matin, on commence une nouvelle aventure, ou bien on poursuit la même, mais après une interruption. L'insomnie, en revanche, supprime l'inconscience, elle vous contraint à endurer vingt-quatre heures sur vingt-quatre de lucidité, ce qui est au-dessus de nos forces. L'insomnie est une forme d'héroïsme, car elle transforme chaque nouvelle journée en un combat perdu d'avance. La vie n'est possible que grâce à l'oubli : il faut oublier tous les soirs pour entretenir l'illusion que notre vie se renouvelle tous les matins. L'insomnie vous oblige à faire l'expérience de la conscience ininterrompue. Vous entrez en conflit avec tout le monde, avec l'humanité

Les toits de Sibiu.
" Le délabrement des maisons leur confère un supplément de poésie. Et la couleur de ces grands toits ! Une ville pour adolescents et pour vieillards. "
(Lettre à Aurel Cioran)

dormante. Vous n'avez plus la sensation d'être un homme comme les autres, puisque les autres vivent dans l'inconscience. On se met alors à développer un orgueil dément. On se dit : « Mon destin est différent, je connais l'expérience de la veille ininterrompue. » Seul l'orgueil, l'orgueil de la catastrophe vous redonne alors courage. On cultive le sentiment extraordinairement flatteur de ne plus faire partie de l'humanité ordinaire. On se sent à la fois flatté et puni. L'orgueil qui m'a habité toute ma vie – l'orgueil de la lucidité – remonte peut-être à cette époque. Je veux dire par là que ce n'est pas parce qu'un homme est intelligent, extraordinaire ou même génial, qu'il est forcément lucide. Or moi, je m'étais arrogé la lucidité, je m'en étais attribué le monopole. Aujourd'hui, je ne vois plus les choses ainsi. Je crois qu'en définitive la lucidité est le propre de tout homme malheureux.

Mais, à l'époque, mes insomnies suscitaient en moi la conviction d'une lucidité tout à fait à part. Ce qui est sûr, c'est que ma période d'insomnies m'a marqué pour le restant de mes jours. Ce fut une expérience terrifiante : j'avais vingt ans et j'errais des nuits entières dans les rues de Sibiu...

G.L.: Dois-je comprendre que votre philosophie en serait restée au stade de l'adolescence, et que votre point de vue serait celui d'un âge bien déterminé ?

"La promenade des insomnies" à Sibiu.
" Je contemple avec une infinie nostalgie cette petite rue solitaire où j'aimerais me promener en ce moment ! Impossible d'imaginer ma jeunesse sans elle. "
(E. M. Cioran).

E. M. C.: Non. Ma vision des choses, vous la trouverez dans le bouddhisme, qui est la religion la plus profonde à mes yeux. Je suis certes trop incohérent pour me réclamer d'une quelconque religion, mais mon regard sur le monde, bien qu'autrement formulé, est très proche de celui du bouddhisme. C'est au cours de ces deux ou trois terribles années d'insomnies que j'ai été contaminé par la négation et que s'est cristallisé en moi cet orgueil dont je vous ai parlé. Ma prétention à la lucidité, la certitude de l'inconstance des choses, la conscience de l'illusion où vivent mes semblables – tout cela me vient de cette expérience de l'insomnie prolongée, vécue comme capitale. C'est le problème de la conscience qui m'a le plus intrigué lorsque je me suis, pour ainsi dire, engouffré dans la philosophie. L'idée de la conscience comme fatalité – *Bewusstsein als Verhängnis* – a tourné chez moi à l'obsession. Mon intérêt pour la philosophie a commencé et a fini avec cette interrogation. Au fond, l'homme est un être qui veille. Et l'insomnie vient sanctionner cet instinct philosophique.

G.L.: Le châtiment de l'état de veille ?

E. M. C.: Oui, dans la mesure où celui qui n'a pas connu le drame de la conscience me paraît infiniment naïf. En un sens, l'excès de conscience, la vie non oublieuse renvoient à mon côté morbide. Lorsque je souffrais d'insomnies, je méprisais absolument tout le monde, mes semblables passaient pour des animaux à mes yeux.

G.L.: Parce qu'ils s'autorisaient le luxe d'échapper, à intervalles réguliers, à l'état conscient ?

E. M. C.: Précisément. Il entrait à

la fois de l'envie et du mépris dans cette disposition d'esprit. La veille, la conscience ininterrompue, c'est l'homme porté à sa limite.

G.L.: Oui, mais la conscience apparaît également chez vous comme une malédiction. Le *drame* de la conscience constitue un thème récurrent dans vos livres. Vous avez souvent repris cette idée selon laquelle l'animal est plus heureux que l'homme, la plante que l'animal, l'état minéral rejoignant la félicité suprême.

E. M. C.: Je ne parle pas de la conscience en général, mais de l'excès de conscience. Seul l'excès génère ce sentiment contradictoire d'orgueil et de défaite, seul l'excès amène à faire l'épreuve simultanée de la conscience comme malédiction et comme promotion. Mais c'est l'insomnie qui nous révèle la conscience comme excès. On fait normalement l'expérience de la conscience sur un mode discontinu, en sorte qu'elle n'est pas ressentie comme un fardeau. Pour l'homme ordinaire, la vie est un éternel recommencement, mais si l'on veille toute la nuit, on ne recommence plus rien.

G.L.: Je voudrais vous prier d'accepter que nous parlions de vous-même avec une note de cruauté. Imaginons un lecteur qui se ferait l'avocat du diable. Si vous n'aviez excellé dans la formule, vous dirait ce lecteur, le fond de votre pensée se laisserait finalement réduire à quelques banalités : que l'homme est mauvais, que la mort est un scandale, que la vie est dépourvue de sens, ce qui n'est pas le cas du suicide, etc.

E. M. C.: Ce sont des banalités au plan théorique mais pas au plan existentiel. L'expérience, l'épreuve vécue de la mort comme scandale n'a rien de banal. Le bouddhisme se réduit lui aussi à une « banalité », à la perception du néant de la vie.

G.L.: On pourrait effectivement vous reprocher de reprendre des thèmes vieux comme le monde, et de ne

La veille, la conscience ininterrompue, c'est l'homme porté à sa limite.

faire finalement que réitérer, avec un exceptionnel talent, ce qui a été dit et redit depuis l'Ecclésiaste. En quoi réside, selon vous, la nouveauté de votre propos ?

E. M. C. : Il est partout question dans mes livres de l'intensité de l'expérience. Je ne prétends à aucune originalité en matière de conception de l'existence. Qu'y a-t-il de plus banal que la mort ? Mais il s'agit en même temps d'un phénomène capital, et ce n'est pas un hasard s'il occupe une place centrale dans toutes les grandes religions. Pour construire une philosophie originale, il faudrait partir de la science, c'est-à-dire du seul domaine où l'innovation est possible. Une philosophie de ce genre se distinguerait sans doute par son originalité, mais n'aurait aucun intérêt. Prenez Heidegger. Transposé en langage courant, tout ce qu'il a écrit sur la mort et le reste ne présenterait plus la moindre originalité. Son mérite tient en ce qu'il a su formuler *autrement*. Ce qui est véritablement nouveau, et important, c'est en dernière instance le timbre, le ton, la note, ce qui émane de l'intensité d'une expérience. Il ressort des lettres que je reçois, en particulier de celles des jeunes, que c'est parfois à partir de *ma* manière de formuler qu'ils prennent conscience de telle ou telle expérience, pourtant accessible au dernier des imbéciles. Quand on simplifie une pensée au-delà de son expression originelle, elle devient banale, elle ne dit plus rien.

Constantin Noïca.

G.L. : Le passage de Rasinari à Sibiu fut pour vous un traumatisme. Qu'en est-il de votre contact avec Bucarest ? À quoi ressemblait le Bucarest de vos études, celui des années 30 ? Qu'a-t-il représenté pour vous ? Et la bibliothèque des Fondations royales ? Le café Corso ? Dites-moi à quoi ressemblait une de vos journées à l'époque ?

E. M. C. : Quand j'ai appris, en décembre 1989,

La bibliothèque des Fondations royales.

que la bibliothèque des Fondations royales avait été détruite, ce fut pour moi un véritable choc. J'ai habité quatre ou cinq ans à Bucarest dans un foyer qui n'était pas chauffé. Si bien que je passais mon temps à la bibliothèque. Je n'en décollais pas. Pour moi, Bucarest se résumait à peu près à ça. C'est là que j'ai lu énormément, surtout des ouvrages de philosophie allemande. J'y rencontrais parfois Constantin Noïca, pas très souvent à vrai dire – il était riche et n'avait pas besoin d'aller à la bibliothèque. Bien sûr, j'allais aussi au Corso. J'ai connu un tas de monde à cette époque, dont beaucoup d'hommes remarquables, en particulier des ratés, des types qui passaient leurs journées au café à refaire le monde... les plus intéressants, je l'avoue, de tous ceux que j'ai rencontrés à Bucarest. Des types qui ne faisaient rien de spécial dans la vie, mais qui étaient d'une intelligence tout à fait exceptionnelle. C'est là, naturellement, que j'ai fait la connaissance de Petre Tutea [2].

G.L.: Etait-il déjà, à l'époque, ce penseur mystique, ainsi qu'il aime aujourd'hui à se définir ?

E. M. C.: Voici l'image qui m'est restée en mémoire à son propos. Un jour, il achète la *Pravda* – nous n'étions pas loin du palais royal – , puis il fait le

---

2. Voir note p. 30.

signe de croix et se met à couvrir le journal de baisers. Comme ça, subitement, en pleine rue. Il ne savait pas un mot de russe. Il était marxiste à l'époque ; un marxiste enthousiaste, mystique.

G.L.: « L'homme le plus extraordinaire que j'aie jamais connu », avez-vous dit à son propos. Qu'avait-il de si fascinant ?

E. M. C.: Tutea n'était pas un homme, c'était un univers. Il connaissait des moments d'inspiration et d'exaltation qui pouvaient facilement passer pour des bouffées de délire auprès de ceux qui ne savaient pas l'apprécier. Il pouvait en fait dire n'importe quoi, car il n'avait strictement aucun sens pratique ; il bâtissait un système à partir de n'importe quelle donnée. Il était – comment dirais-je ? – à lui-même le centre de sa propre pensée, et il ne lui venait jamais à l'idée de se demander si ce dont il échafaudait la théorie était réalisable ou non. Quand il développait une idée, il ne tenait compte ni des choses ni des gens. Je me souviens que le ministère de l'Économie avait un jour communiqué au ministère de la Guerre un mémoire sur le potentiel industriel du pays. Or Tutea, qui était à l'époque fonctionnaire au ministère de l'Économie, rédigea un rapport énorme, fort intéressant, dans un style philosophique dont la terminologie empruntait à l'école allemande, et où il développait une sorte de philosophie de la défense. Ce rapport s'est retrouvé chez je ne sais quel colonel ou général, qui n'y a évidemment rien compris, tant et si bien qu'ils ont fini par tout annuler. Tutea se projetait dans l'histoire avec la même absence totale de sens pratique. Cela aussi avait quelque chose de fascinant. Lui qui, dans la vie de tous les jours, était un homme extrêmement affable, parlait de l'ensemble des hommes politiques de l'époque comme de ses rivaux personnels. C'était une sorte de duel entre « moi et eux ». Il se mettait en scène avec

Petre Tutea." *Tutea n'était pas un homme, c'était un univers.*"

une telle conviction qu'à force de discuter sur l'histoire, il finissait par s'attribuer le premier rôle. On ne pouvait rien comprendre au personnage si l'on refusait d'entrer dans son système d'illusions et dans sa mégalomanie. Quand on discutait avec Tutea, il fallait admettre que son moi était une sorte d'absolu et accepter qu'il se manifestât comme s'il venait d'être élu chef de l'État ou de l'univers.

G.L.: Faisait-il tout cela par cabotinage ou avec authenticité ?

E. M. C.: Il était toujours sincère. Tutea est un homme qui ne ment pas. Il est lui-même en tout ce qu'il dit ; un homme pur, incapable de cynisme ; ni dans sa pensée ni dans la vie.

G.L.: Pourriez-vous me parler du professeur Nae Ionescu – autre grande personnalité, peut-être la plus controversée de l'entre-deux-guerres – qui a marqué l'ensemble de votre génération. Comment était-il ? Pendant combien de temps avez-vous suivi ses cours à la faculté de philosophie ?

E. M. C.: J'ai été son étudiant pendant plusieurs années, et je l'ai connu personnellement. Je me suis assez vite rendu compte qu'il n'était pas réellement cultivé. Sa formation intellectuelle était assez lacunaire ; ses connaissances n'étaient pas très étendues non plus. Il avait beaucoup lu dans sa jeunesse, en Allemagne, et ses cours étaient surtout fondés sur ce qu'il avait emmagasiné alors. L'homme avait cependant un charme extraordinaire. Nae Ionescu était un grand séducteur. L'intéressant chez lui, c'est qu'il ne préparait ses cours qu'à moitié – il dirigeait par ailleurs un journal, ce qui ne lui laissait guère de temps –, il improvisait donc beaucoup. En chaire, il s'obligeait ainsi à un énorme effort intellectuel, en sorte que nous assistions en direct à l'élaboration même de sa pensée. Cet effort, il nous le communiquait, si bien que la tension agissait

Nae Ionescu (1890-1940), le professeur de métaphysique.
" {...} je n'ai pas connu d'homme qui vous oblige à ce point à être soi-même. " (E.M. Cioran," Le drame de la lucidité ", *Vremea*, 1937)

de manière réciproque. On pénétrait avec lui à l'intérieur d'un problème et on y progressait ensemble. De tels professeurs sont rares. Il réussissait à créer une grande intimité de pensée. Il venait de la rédaction – il écrivait beaucoup d'articles de presse – et, sans transition, se confrontait à un problème métaphysique ou religieux. Il nous consultait très fréquemment sur le thème à aborder au cours suivant. Un jour – je crois que c'est moi qui lui en avais suggéré l'idée –, il se mit à disserter sur les anges. À la fin du cours, il me prit à

part et me dit : « Sais-tu à quoi je n'ai cessé de penser pendant que je vous parlais des anges ? Si je devais ou non accepter le poste de chef de la police. » Nae Ionescu avait mené campagne en faveur du retour en Roumanie du roi Carol II, et une fois rétabli sur le trône, celui-ci lui offrit immédiatement de devenir ministre de l'Intérieur.

G.L.: Nae Ionescu établissait-il des passerelles entre la philosophie et la politique, ou s'agissait-il chez lui de deux choses complètement séparées ?

E. M. C.: Il s'agissait de deux choses plutôt séparées. Il y avait chez lui un côté aventurier, il aimait les questions brûlantes. Il incarnait à lui seul toutes les contradictions balkaniques. J'écrivis à l'époque un article sur lui, dans la revue *Vremea*, qui ne lui avait pas beaucoup plu. J'y expliquais qu'à son degré d'intelligence et de lucidité, il était impossible de s'identifier ou d'adhérer à quoi que ce soit. Pour un personnage aussi subtil, la vie était un jeu trop complexe, qui ne pouvait être simplifié et réduit sous le régime d'une seule idée.

G.L.: Les options politiques du professeur ont-elles exercé sur vous, ses élèves, une influence directe ?

E. M. C.: Oui, certainement. Surtout sur Mircea Eliade. Voyez comment les choses se sont passées. Au début, Nae Ionescu était le personnage le plus influent après le roi. À un moment donné, j'ignore au juste pour quelle raison, ils ont rompu. Dès lors, Nae Ionescu n'eut plus qu'une idée en tête : se venger. C'est ainsi qu'il a commencé à soutenir la Garde de fer. La nature de cet engagement était personnelle avant d'être politique. Mais, si son jeu politique avait pour mobile ultime la vengeance, ce qui est certain, c'est qu'il nous a entraîné dans son aventure personnelle. Saper l'autorité du roi était devenu sa seule préoccupation et cette idée l'a perdu ; elle a finalement eu raison de lui.

C'était son côté aventurier qui me fascinait le plus : d'une part philosophe, d'autre part grand séducteur, plein de charme, homme du monde, homme à femmes, amateur de dîners... il dépensait des sommes considérables – d'où les tirait-il ? on n'en a jamais vraiment rien su – ce qui est sûr, c'est qu'il ne s'encombrait guère de scrupules. « Je prends l'argent là où je le trouve », m'avoua-t-il un jour. Et en une autre occasion : « Je n'irais pas jusqu'à dire que je me fais financer par

" Sur notre peuple, plus que jamais je pense qu'aucune illusion n'est permise. J'éprouve à son égard une sorte de mépris désespéré. Je dois reconnaître néanmoins que le fatalisme valaque m'a marqué comme vous marque une maladie ou une... illumination. On n'échappe pas à ses origines, aux nôtres tout spécialement. "
(Lettre à Aurel Cioran, 30 août 1979).

un saint. » Il y avait un côté grec chez lui. L'homme, au fond, ne croyait en rien, il était le représentant typique d'une civilisation en déclin, pratiquant le charme et la subtilité dans un pays foncièrement ravagé par le primitivisme. C'était incontestablement un *personnage*. Par comparaison, les autres professeurs de la faculté faisaient figure de paysans naïfs. Quoi qu'il en soit, Eliade s'est complètement trompé en se rapportant à lui à un plan moral, car Nae Ionescu n'était pas un repère, une instance, une autorité mais, comme je vous le disais, un aventurier. Eliade, selon moi, ne l'a pas compris. Il se comportait sans arrêt en disciple : « Monsieur le professeur, Monsieur le professeur... »

G.L.: N'était-ce pas naturel, dès lors qu'Eliade était son assistant ?

E. M. C.: Nae Ionescu n'était pas autorisé à avoir un assistant puisqu'il n'avait pas le titre de professeur... il n'était pas docteur. Il prétendait avoir soutenu sa thèse en Allemagne, mais personne n'a jamais vu son diplôme. Cette question reste de toute façon sans importance. En Allemagne, même les *concierges* avaient un doctorat. Ce qui est sûr, c'est que tous ses collègues le détestaient.

G.L.: À cause de la popularité dont il jouissait auprès des étudiants ?

E. M. C.: Probablement. Il avait aussi un profil très peu habituel pour le monde académique. Nae Ionescu était une figure non universitaire par excellence.

GL : Les étudiants assistaient nombreux à ses cours ?

E. M. C.: Oui, la salle était comble, mais lui ne venait pas toujours, il venait même très rarement. Un jour, il nous dit : « Vous vous demandez peut-être pourquoi je ne viens pas régulièrement aux cours. Eh bien ! c'est très simple : quand je n'ai rien à vous dire, je ne viens pas. »

G.L.: Était-il bon orateur ?

E. M. C.: Non, au contraire, il n'avait rien d'un orateur, il était direct et c'est cela qui faisait son charme, il aurait pu donner ses cours dans un salon.

G.L.: Dois-je comprendre qu'à la différence d'Eliade, vous gardiez une distance face à Nae Ionescu ?

E. M. C.: Oui, une distance énorme. Il s'est d'ailleurs bien rendu compte que je ne faisais pas parti

du chœur de ses admirateurs inconditionnels. Mon article de *Vremea* était un éloge perfide à son adresse.

G.L.: Et Constantin Noïca, quelle était son attitude envers Nae Ionescu ? Se situait-il quelque part entre le regard distant qui vous caractérisait et la dévotion d'Eliade ?

E. M. C.: Noïca, Nae Ionescu ne pouvait pas le supporter. Il lui arrivait de le refuser à certains de ses séminaires plus confidentiels. Il lui disait : « Non, non, toi tu ne viens pas demain. »

G.L.: Mais pourquoi ? Je ne comprends pas.

> *J'ai préféré mener une vie de parasite plutôt que d'exercer un métier.*

E. M. C.: Ils étaient entre Grecs !

G.L.: Nae Ionescu était grec !?

E. M. C.: Comment dire, c'était un Balkanique quoi ! On m'a dit qu'il était turc, enfin je ne sais plus. En tout cas, ça n'a pas du tout marché entre eux. Nae Ionescu ne pouvait pas le sentir.

G.L.: Mais Noïca n'admirait-il pas Nae Ionescu ? À la mort de ce dernier, il vous a écrit une lettre – vous étiez déjà à Paris – qui exprimait de façon pathétique le choc produit par la mort du professeur. La lettre se terminait par ces mots : « Parce que toi non plus tu ne sais pas à quel point tu souffres. »

E. M. C.: Sans doute Noïca ne s'est-il pas vraiment aperçu qu'il l'exaspérait.

G.L.: Ce ton qui caractérise votre manière de philosopher – vous-même, comme Eliade et Noïca, vous avez introduit dans la philosophie roumaine une façon d'écrire non académique, directe, viscérale – ce ton personnel, soucieux d'authenticité, n'est-ce pas Nae Ionescu qui vous l'a transmis ?

E. M. C.: D'une certaine façon, c'est possible, oui.

G.L.: Avec le recul, comment appréciez-vous son influence, comme plutôt bénéfique ou comme plutôt néfaste, ou les deux à la fois ?

E. M. C.: Bénéfique. En ce qu'il apportait un ton nouveau dans l'enseignement universitaire. Il m'est impossible d'imaginer la faculté de philosophie de Bucarest sans lui. Il n'aurait pas existé, j'en aurais gardé le souvenir d'une institution imbécile. Nae Ionescu y fut en tout cas une apparition tout à fait unique.

G.L.: Au terme de vos études, saviez-vous déjà ce que vous vouliez faire de votre vie ? Il ne dépendait que de vous de vous frayer un chemin ?

E. M. C.: La liberté a été ma seule religion dans la

vie, l'indépendance, et, en premier lieu, de ne pas dépendre d'une carrière. J'ai compris très tôt que la vie n'a de sens que si on parvient à y faire ce que l'on veut. Tout le problème consistait pour moi à sauvegarder ma liberté. J'aurais tout raté si j'avais accepté de travailler dans un bureau pour gagner ma vie. À Paris, j'ai connu toutes sortes de ratés, des types très bien par ailleurs, très doués, mais à qui le bureau fut fatal. Le Paris d'avant-guerre était la ville idéale pour les ratés ; les Roumains, en particulier, y étaient célèbres de ce point de vue. De sorte que j'ai tout fait pour éviter l'humiliation d'une carrière. Et je l'ai évité au prix d'autres humiliations. J'ai préféré mener une vie de parasite plutôt que d'exercer un métier. Ce principe avait pour moi valeur de dogme. J'en ai pris conscience dès que je suis arrivé à l'étranger. J'ai consenti à une certaine misère rien que pour préserver ma liberté. La vie de parasite, c'est-à-dire la vie paradisiaque – une vie faite de projets non aboutis – m'est apparue comme la seule supportable.

G.L.: C'est étrange, vous avez souvent fait l'éloge de l'échec, mais vous-même avez tout fait pour ne pas rater votre vie. Mais dites-moi, quelles sont les humiliations auxquelles vous avez dû consentir ?

E. M. C.: Eh bien, j'ai accepté de mener une vie d'éternel étudiant. J'étais toujours le plus âgé de tous ceux qui mangeaient au restaurant universitaire. Mon rêve était de vivre de bourses toute ma vie. Cela ne me dérangeait pas du tout. Bénéficier à jamais du statut d'étudiant... Les bourses étaient l'unique façon d'éviter une carrière. Cette idée-là m'est venue à Brasov, en 1936, la seule année où j'ai occupé un emploi salarié. J'étais professeur de philosophie. C'est à cette époque-là que je me suis rendu compte que je ne voulais pas travailler. Même pas cinq minutes.

G.L.: On vous imagine difficilement devant une classe, en train d'enseigner la philosophie. L'un de vos élèves de l'époque, aujourd'hui professeur à l'université d'Honolulu...

E. M. C.: Stefan Baciu...

G.L.: ... a décrit ce à quoi ressemblaient vos heures de cours au lycée.

E. M. C.: Ce que j'y faisais n'avait jamais rien à voir avec le manuel. Je me laissais aller à mes divagations. Quand j'ai quitté Brasov, le directeur du lycée s'est soûlé tant il était heureux de s'être débarrassé de moi.

G.L.: Comment pouvait-on vivre à Paris sans exercer une profession ?

E. M. C.: Je vous l'ai dit : de bourses. Avant la guerre, la vie à Paris était une sorte de paradis. Les hôtels étaient très bon marché, exclusivement peuplés d'étudiants étrangers et d'intellectuels à moitié ratés. Vous ne pouvez pas vous figurer le charme qu'avait Paris avant-guerre. C'est bien là, me suis-je dis, que je pourrais mener l'existence de parasite dont je rêvais – « parasite » n'est peut-être pas le mot –, de marginal plutôt, de quelqu'un qui ne travaille pas au sens habituel du terme.

G.L.: Je ne comprends pas très bien. Jusqu'à quel âge avez-vous vécu de bourses ?

E. M. C.: Écoutez, je vais vous donner un repère précis. Je suis arrivé en France avant la guerre, et jusqu'à quarante ans j'ai mangé au restaurant universitaire. Un beau jour, on m'a convoqué pour me dire qu'il existait une limite d'âge fixée à vingt-sept ans. Or j'en avais quarante. J'ignorais qu'il y avait une limite. J'étais immatriculé à la Sorbonne et pensais pouvoir bénéficier de tous les avantages propres aux étudiants. « Vous n'y avez plus droit », m'a-t-on dit. Je n'en savais rien, je vous assure ! J'avais prévu de prendre mes repas au restaurant universitaire jusqu'à la fin de mes jours. Vous imaginez ma déception. D'un coup, tous mes calculs se sont effondrés. J'avais publié le *Précis de décomposition,* je mangeais à la cantine, mais ils avaient lu sur moi des articles dans la presse et ils se sont demandé : « Mais qu'est-ce que c'est que ce type qui publie des livres et mange à la cantine ? » Enfin, j'ai tout de même réussi à mener une vie d'étudiant, avec tous les privilèges que cela suppose, jusqu'à l'âge de quarante ans. Ça n'aurait sans doute pas été possible en Roumanie. J'ai vécu ainsi afin d'être libre, dans le seul but de rester libre. Je n'ai jamais nourri de grandes prétentions, j'ai renoncé aux fausses manifestations d'orgueil et j'ai accepté ce régime d'éternel étudiant sans en ressentir la moindre humiliation.

G.L.: Où habitiez-vous pendant tout ce temps ?

E. M. C.: Dans de petites chambres d'hôtels. Cinq d'entre eux se trouvent tout près d'ici. Mon rêve était de mourir dans un hôtel du quartier Latin.

G.L.: Cela me semble assez cohérent ; étant donné

Mais qu'est-ce que c'est que ce type qui publie des livres et mange à la cantine ?

que vous aviez décidé de prendre vos repas à la cantine.

E. M. C.: Oui, c'est cela. Dans le dernier hôtel où j'ai vécu, j'habitais deux petites chambres mansardées. Je laissais toujours une clé en bas, pour laisser croire que j'étais sorti, avec l'autre je m'enfermais à la maison et restais ainsi cloîtré à lire. Mais l'immeuble a été vendu, et j'ai finalement dû partir. Je me suis alors rendu compte que je ne pouvais pas continuer ainsi, et j'ai commmencé à chercher autre chose. Et voici comment je m'y suis pris. J'avais écrit un livre, *Histoire et utopie*, il y a environ trente ans.

G.L.: Le livre est sorti en 1960.

E. M. C.: ... je connaissais une dame qui s'occupait d'appartements et qui avait des prétentions littéraires. Quand le livre a été publié, j'ai dit à Simone : « Je vais envoyer un exemplaire à cette dame. – Si tu veux perdre un exemplaire, fais-le », m'a-t-elle répondu. Trois jours plus tard, elle est venue me proposer un appartement. Voilà ! Et depuis que nous vivons ici, nous payons un loyer, un loyer…

G.L.: Un loyer loi de 1948.

E. M. C.: Oui, exactement. Ce qui représente pour moi un énorme succès.

G.L.: Je sais qu'en 1974 vous avez été sur le point de perdre votre célèbre mansarde. Les propriétaires ont réclamé l'appartement. Vous avez alors écrit à votre frère que vous regrettiez de ne pas avoir eu de formation juridique, vous avez commencé à lire des manuels de droit. Puis vous avez semblé vous résigner : « Au fond, à mon âge, lui disiez-vous, on n'est plus un vivant mais un survivant, et ce qu'on peut faire de mieux est de s'installer dans le provisoire. » Dans la France des années 70, étiez-vous sérieusement menacé de vous retrouver, à soixante ans, dans la rue ?

E. M. C.: Je ne m'en rends pas bien compte. Une chose est sûre, je n'aurais pas pu m'acquitter d'un loyer au prix normal du quartier. J'ai vraiment été bien inspiré de ne pas céder. Simone voulait partir, mais moi, j'ai refusé. Je lui ai dit : « Il faudra m'arrêter pour que je parte. » Ils ont vu qu'il n'y avait rien à tirer de moi, et ils m'ont finalement laissé en paix. La chose avait par ailleurs commencé à faire scandale dans le monde littéraire, on a su qu'ils voulaient me mettre à la porte... Bref, j'ai en tout cas réussi à sauver par là ma situation matérielle.

G.L.: Comment se fait-il que vous ayez choisi la France comme terre d'exil ? Votre seconde langue était l'allemand, non le français. Pourquoi n'avez-vous pas opté pour l'Allemagne ? Sibiu, où vous avez passé votre adolescence, est une ville saxonne. Je sais par sur-

croît que vous aviez des complexes en français. Quand vous êtes entré à la faculté de Bucarest, vos collègues et professeurs parlaient couramment le français. Ce complexe de Transylvain vous a poursuivi tout au long de vos études. Et pour finir, c'est en Allemagne, entre 1933 et 1935, que vous avez fait votre premier séjour prolongé de boursier à l'étranger. Donc : pourquoi la France plutôt que l'Allemagne ?

E. M. C.: Il est vrai que j'ai appris l'allemand dès mon arrivée à Sibiu, où j'étais pensionnaire chez deux vieilles filles saxonnes. Sibiu a d'ailleurs été pour moi une ville importante à tous points de vue. J'y avais constamment la sensation... comment dire – j'étais dans mon pays tout en ayant l'impression de me trouver à l'étranger. Pensez un peu, je venais de Rasinari, qui était un village primitif, un monde archaïque, clos, et, d'un coup, j'avais le sentiment de me retrouver à l'étranger. Ce contraste extraordinaire que j'ai alors vécu... c'est probablement à cause de Sibiu que l'étranger m'a toujours attiré. J'ai toujours nourri cette idée d'obtenir une bourse pour partir à l'étranger. C'est à Sibiu que j'ai entamé mes premières lectures philosophiques. J'allais à la bibliothèque allemande, le bibliothécaire était un type très bien, un philosophe allemand auteur d'une dizaine de volumes. Avant la Première Guerre, il avait servi comme officier dans l'armée autrichienne, pour finalement s'établir à Sibiu. Il s'appelait Reiner, et nous étions de très bons amis. J'étais le seul Roumain à fréquenter la bibliothèque allemande. À Sibiu, j'ai vécu entre deux civilisations. C'est ainsi que lorsque je suis arrivé à Berlin avec ma bourse Humboldt, je n'avais pas le sentiment de me retrouver dans un monde entièrement inconnu.

G.L.: Pourquoi ne pas avoir dès lors entrepris une carrière d'éternel étudiant en Allemagne ? Pourquoi la France en fin de compte ?

E. M. C.: Je vous explique pourquoi. Il s'est produit la chose suivante : alors que je vivais en Allemagne, je suis venu passer un mois à Paris, et ce fut la révélation. Dès l'instant où j'ai connu Paris, Berlin à côté m'a paru tout à fait insignifiant. Je suis rentré au pays mais Paris m'obsédait. Je me suis dit : « Il faut à tout prix y retourner. Me procurer une bourse. » J'ai donc commencé à faire la cour au directeur de l'Institut culturel français de Bucarest pour finir par me lier d'amitié avec lui.

G.L. : Alphonse Dupront ?

E. M. C. : Dupront… il vit encore. Il m'a donc envoyé en France. En fait, il m'y a expédié pour le restant de mes jours. C'était un type très bien. Il m'a accordé une bourse de trois ans, qu'il m'a prolongé même après avoir compris que je ne n'avais nullement l'intention d'écrire une thèse. Je parcourais à l'époque la France à bicyclette, m'arrêtais dans des auberges de jeunesse – catholiques ou communistes – où se côtoyaient ouvriers et étudiants. J'ai ainsi fini par bien connaître l'opinion publique française, en particulier l'état d'esprit des catholiques et des communistes. J'ai très vite compris que les Français ne se battraient pas, que ce serait une capitulation sans précédent. J'ai eu le privilège de connaître les réactions et de la gauche, et de la droite. Personne ne voulait se battre. Et je leur donnais raison. La France s'était ruinée en 14-18, la guerre ne tentait plus personne. Seuls les Anglais l'ignoraient. Ils s'obstinaient à envoyer tel ou tel lord à Paris pour sonder l'état d'esprit de la population. Lequel lord s'y entretenait avec les hommes politiques, dînait dans les meilleurs restaurants, puis, de retour à la maison, déclarait : « La France est prête, elle est mûre

pour la guerre », et d'autres choses de ce genre. C'est alors que j'ai pleinement pris la mesure de la nullité des politiciens et des diplomates. Ce n'est pas en fréquentant les restaurants et les salons qu'on peut se faire une idée d'un pays. Le diagnostic auquel j'étais parvenu après avoir sillonné la province de long en large s'est révélé exact. Au troisième jour, la France se montrait disposée à capituler.

G.L.: Avez-vous assisté à l'entrée des Allemands dans Paris ?

E. M. C.: Oui, au premier jour, sur le boulevard Saint-Michel. Étant donné l'absence de résistance, ils y sont entrés comme... s'ils s'y seraient promenés un dimanche. Ils venaient de la Seine et marchaient vers le sud. Sur le boulevard Saint-Michel, il y avait du monde, mais pas beaucoup. Une vieille dame se tenait sur le bord du trottoir. Je me suis approché – j'étais curieux d'observer ses réactions – et je suis resté près d'elle jusqu'à ce qu'elle se tourne vers moi. Soudain, elle me regarde et me dit simplement ceci : « Eh bien, monsieur, c'est du joli ! » Une expression si commune, en un moment aussi dramatique, ça m'a terriblement impressionné. Puis elle a ajouté : « C'est la fin de la France. » Les Allemands venaient donc d'un côté, mais de l'autre arrivaient, pour une raison qui m'échappe, des prisonniers français. La vue du premier groupe – composé d'environ vingt-cinq soldats français et d'un gardien allemand – m'a beaucoup frappé. Je me suis ressaisi, j'ai filé au tabac – qui se trouvait juste derrière moi –, j'y ai acheté vingt paquets de cigarettes, et d'un peu loin quand même, les ai jetés aux soldats. Tous se précipitèrent alors pour les attraper tandis que l'Allemand saisissait son arme et la pointait sur moi. C'est à ce moment-là que mon allemand m'a sauvé : « *Ich bin Ausländer !* », lui ai-je crié, ou quelque chose dans ce goût-là. Et, toujours en alle-

L'entrée des allemands dans Paris. 1940.

mand : « Raison d'humanité ! ». Ça m'a sauvé. La vérité est que si je m'étais enfui ou si je ne lui avais pas parlé en allemand, il m'aurait tiré dessus. C'eût été un extraordinaire paradoxe : moi, un Roumain exilé, la première victime de l'entrée des troupes allemandes dans Paris !

G.L.: Que faisiez-vous à Paris, sous l'Occupation ? Vous n'aviez pas encore commencé à écrire en français.

E. M. C.: Non, j'écrivais en roumain, je m'étais même mis à approfondir ma connaissance de la langue roumaine. Et ne possédant pas de livres en roumain, je me rendais à l'église orthodoxe où je lisais tout ce que je pouvais y trouver, surtout des textes anciens. Je me spécialisais en roumain. À la fin de la guerre, je me suis rendu compte que c'était une absurdité et je me suis décidé à rompre, à rompre définitivement avec ma langue. Je me trouvais dans un village près de Dieppe, au bord de la mer, et j'essayais de...

G.L.: ... de traduire Mallarmé.

E. M. C.: Exactement. Et, d'un coup, j'ai pris conscience que cette affaire-là n'avait aucun sens, que plus jamais je ne retournerais en Roumanie, que le roumain ne me servirait plus à rien... En une heure, ça a été fini. Ce fut une réaction violente. J'ai rompu d'un coup avec tout : avec ma langue, avec mon passé, avec tout.

G.L.: Vous vous êtes mis aussitôt à écrire en français ?

E. M. C.: Oui, j'ai alors commencé la rédaction du *Précis* et l'expérience s'est avérée extrêmement douloureuse. Changer de langue à vingt ans, passe encore, mais à trente-cinq, trente-six ans, mon âge à l'époque ... Ce fut pour moi une expérience terrible. Je croyais connaître parfaitement le français, or je me rendis compte que ce n'était pas du tout le cas. Mais je ne voulais pas baisser les bras. J'ai réalisé que si je voulais véritablement changer de langue, il me fallait rompre avec mon idiome maternel et écrire directement en français. C'était cela la chose capitale. Autrement, ça ne marche pas. Impossible d'écrire en français tout en continuant à parler roumain. Il y avait incompatibilité. Le passage à une autre langue ne peut se faire qu'au prix du renoncement à sa propre langue. Il faut accepter ce sacrifice.

G.L.: Comment le fait d'avoir dû écrire trois fois votre premier livre, puis l'ajournement de sa publication, ne vous ont-ils pas démobilisé ?

E. M. C.: Je vous l'ai dit, je me trouvais dos au mur. Avoir dû réécrire trois fois mon livre m'a en tout cas révélé que la langue française était aux antipodes de la langue roumaine. Le roumain ignore la rigueur du français, c'est une langue à la grammaire mobile, une langue libre, beaucoup plus proche de mon tempérament. Dans mes moments de désespoir, alors que je j'écrivais et récrivais en français, je me disais : « Ce n'est décidément pas une langue faite pour moi. »

G.L.: En tant qu'écrivain roumain, vous étiez débordant, exubérant, vous vous exprimiez sans aucune espèce de censure.

E. M. C.: Oui, tout le problème est là. L'absence de censure convenait à mon tempérament, mais en même temps le français recèle des vertus civilisatrices en ce qu'il vous impose en permanence ses contraintes. On ne peut pas devenir fou en français. L'excès n'y est plus possible, il tourne au grotesque.

G.L.: Vous avez dit à plusieurs reprises de la langue française qu'elle fut pour vous une camisole de force.

E. M. C.: Oui, c'est très précisément le cas : la langue française m'a apaisé comme une camisole de force calme un fou. Elle a agi à la façon d'une discipline imposée du dehors, ayant finalement sur moi un effet positif. En me contraignant, en m'interdisant d'exagérer à tout bout de champ, elle m'a sauvé. Le fait de me soumettre à une telle discipline linguistique a tempéré mon délire. Il est vrai que cette langue ne s'accordait pas à ma nature, mais, au plan psycholo-

Pas moyen de tricher en français. L'escroquerie intellectuelle y est quasi impraticable.

gique, elle m'a aidé. Le français est devenu par la suite une langue thérapeutique. Je fus en fait moi-même très surpris de pouvoir écrire correctement en français, je ne me croyais vraiment pas capable de m'imposer une telle rigueur. Quelqu'un a dit du français que c'est une langue honnête ; pas moyen de tricher en français. L'escroquerie intellectuelle y est quasi impraticable.

G.L.: Dites-moi, à quel moment vous êtes-vous habitué à votre nouvelle identité d'auteur français ? Qu'avez-vous ressenti lorsque Saint-John Perse vous qualifia d' « auteur de grande race », voyant en vous l'« un des plus grands écrivains français dont puisse s'honorer notre langue depuis la mort de Valéry » ? Le chemin parcouru, de la Coasta Boacii à ces mots, ne vous a-t-il pas parfois empli de stupeur vous aussi ?

E. M. C.: Que vous dire ? De la Coasta Boacii à cette histoire-là... ça a représenté un effort terrible au fond, car il n'est pas du tout facile de lutter contre son propre tempérament en écrivant. Curieusement, je n'ai jamais été tenté d'écrire en allemand, même si je connaissais assez bien la langue. C'est par le français que je suis parvenu à me dominer, et du point de vue de mon équilibre, la chose a joué un rôle capital. Je n'ai toutefois jamais perdu de vue le fait que, sortant ainsi de mon tempérament, je commettais une sorte de trahison, j'ai d'une certaine manière cessé d'être moi-même, d'être authentique.

G.L.: Mais cette performance inattendue ne vous a-t-elle pas ébloui ?

E. M. C.: Non, car je n'ai cessé de travailler à ces livres de malheur... J'ai beaucoup peiné, vraiment. Chacun de mes livres a été pour moi une épreuve, une aventure, un tourment. Et puis, mes débuts ne furent pas formidables. Après trois ou quatre livres publiés, je ne pouvais guère revendiquer qu'un cercle restreint de lecteurs, et j'étais finalement assez isolé. Je dois dire que je suis longtemps resté à l'écart en tant qu'écrivain. Les jeunes, les étudiants n'ont commencé à me découvrir que lorsque je suis sorti en livre de poche... Et puis, il y a encore une chose : les Français sont particulièrement négligents, il s'agit de leur langue au fond, mais ils ne croient plus en leur langue. Mais moi, le métèque, je l'ai prise très au sérieux, j'ai écrit chacun de mes livres au moins deux fois. Les gens ont probablement saisi le paradoxe : un Balkanique venu chez eux se livrer à des exercices de style.

G.L.: Avez-vous jamais regretté la langue roumaine ?

E. M. C.: Non, mais je n'ai cessé d'être conscient des avantages qu'elle comporte. À l'instar de l'anglais, le roumain est une langue poétique, c'est-à-dire une langue où la poésie est possible, et ce en raison de sa double origine. L'anglais comme le roumain résultent du mélange de deux langues absolument incompatibles, le latin et l'allemand dans le premier cas, le latin et le slave dans le deuxième. Cette double origine est idéale pour la poésie, c'est pourquoi ces langues s'y prêtent si bien. En plus de leur richesse extraordinaire, il existe en chacune un côté mystérieux, qui est le fruit de la rencontre spectaculaire de mots provenant d'horizons différents. La langue française, en revanche, est une langue homogène, si bien que la poésie française reste limitée. La Bible est illisible en français. Je possède trois recettes pour vérifier la valeur poétique d'une langue : si elle supporte ou non la Bible – en particulier

> *Un Balkanique venu chez eux se livrer à des exercices de style.*

l'Ancien Testament –, Homère et Shakespeare. Ni Homère ni Shakespeare ne marchent en français, en raison de la sécheresse de la langue, de son côté juridique. Être poète en français tient de l'héroïsme. À la vérité, je m'étais spécialisé en anglais avant de me mettre à écrire en français, mais, naturellement, je l'ai abandonné par la suite.

G.L.: En quel sens vous êtes-vous spécialisé en anglais ? Vous avez suivi des cours ?

E. M. C.: Oui, oui. J'ai d'abord suivi des cours de conversation, ici, à Paris, avec une dame très âgée et un peu folle qui avait été gouvernante à Bucarest au début du siècle. Après quoi, je me suis proposé d'apprendre la langue de façon systématique et j'ai assisté à des cours d'anglais en Sorbonne. Ensuite, il y a eu la bibliothèque anglaise qui, paradoxalement, était restée ouverte sous l'Occupation. Je m'y rendais à bicyclette une fois par semaine, et retournais chez moi avec cinq ou six volumes. Je me suis alors intégralement consacré à la littérature anglaise, à la poésie surtout, qui me fascinait.

G.L.: Vous aviez, si je ne me trompe, une prédilection pour Shelley et Keats.

E. M. C.: Non, non, je lisais tout, frénétiquement. La poésie anglaise fut pour moi une révélation. C'est à mes yeux la plus grande. J'ai en tout cas beaucoup lu à cette époque, et avec un grand sérieux. Cela fait partie du peu de choses que j'ai réalisées dans ma vie en fonction d'un plan préétabli. J'étais tout entier orienté vers le monde anglo-saxon.

G.L.: C'est à cette occasion que vous avez connu Mme Simone Boué ?

E. M. C.: Oui, elle était étudiante en anglais et nous nous sommes connus au restaurant universitaire. Elle me donnait des leçons de conversation. Ma passion pour l'anglais a duré cinq ans. J'en garde le souvenir d'une expérience extraordinaire.

G.L.: Il n'en reste pas moins qu'au terme de ces aventures linguistiques vous avez choisi le français, la langue qui, dites-vous, vous correspondait le moins, et à propos de laquelle vous avez écrit, dans *La Tentation d'exister*, des choses fort peu complaisantes.

E. M. C.: Je vais vous dire une chose : j'étais en réalité fait pour l'Espagne, pour la langue espagnole. Je ne vous cacherais pas que je désirais en réalité aller en Espagne. J'avais même fait, avant la guerre, une demande de bourse en ce sens.

G.L.: Mon Dieu ! Une bourse pour l'Espagne aussi ?

E. M. C.: Oui, oui, ne vous étonnez pas. J'étais un fanatique de sainte Thérèse d'Avila. Et le suis toujours. C'était une passion presque morbide. Je lui vouais un véritable culte. Je l'aimais aussi en tant qu'écrivain ;

> *En continuelle insurrection contre mon ascendance, toute ma vie j'ai souhaité être autre : Espagnol, Russe, cannibale, tout – excepté ce que j'étais.*
>
> (*De l'inconvénient d'être né,* 1973).

Du temps où j'injuriais la Roumanie, j'ai considérablement regretté de ne pas être espagnol.

l'excès, surtout, me fascinait chez elle. Un excès qui lui venait de cette folie très particulière, inconfondable, propre à l'Espagne. Deux mois avant que n'éclate la guerre civile, je fis une demande de bourse à l'ambassade. Je n'ai naturellement reçu aucune réponse. À la vérité, je ne voulais pas aller à Paris. L'Espagne... j'étais envoûté par le pays. J'avais lu tout Unamuno... et ma seule satisfaction, après la guerre, fut de voir l'Espagne. Je tiens ce voyage pour le plus impressionnant et le plus beau qu'il m'ait été donné de faire dans ma vie. C'était l'Espagne d'avant le tourisme. Le voyage a duré trois semaines, je voyageais en troisième classe, me logeais dans des conditions on ne peut plus sommaires, mais j'étais absolument enchanté. Et parce que ce fut le seul voyage extraordinaire que j'ai fait dans ma vie, je me suis promis de ne plus jamais retourner en Espagne. J'y suis finalement retourné à six reprises. Mais c'était là l'erreur. Je n'aurais pas dû. Les choses gardent davantage de leur vérité quand on les préserve dans le souvenir ; leur réalité retrouvée pâlit comparée à l'impression extraordinaire de la première rencontre.

G.L.: C'est pour cette raison que vous ne tenez pas à revoir Rasinari ?

E. M. C.: Je ne sais pas, je suis partagé comme on dit, je crains sans doute de le perdre en le retrouvant. Mais l'Espagne... Du temps où j'injuriais la Roumanie, j'ai considérablement regretté de ne pas être espagnol. L'Espagne me fascinait, car elle offrait l'exemple des plus prodigieux échecs. Un des pays les plus puissants du monde, en arriver à une telle décadence !

G.L.: Comment s'explique cette attirance qui est la vôtre pour les grands destins inachevés ?

E. M. C.: C'est une sorte de vice chez moi. Cependant, je crois réellement qu'un être ne se dévoile que dans la confrontation avec la fin, en ces moments où le déclin le révèle à lui-même et aux autres. Ce n'est que dans l'échec, dans la grandeur de la catastrophe, que l'on peut en venir à connaître quelqu'un. Un être ne se dévoile pas dans ses moments d'expansion et de gloire...

G.L.: ... mais au crépuscule, au couchant ?

E. M. C.: ... au crépuscule, quand tout se défait, quand tout s'estompe peu à peu. Une civilisation ne devient intéressante que lorsqu'elle prend conscience de sa décadence, lorsqu'elle vit sa propre liquidation.

G.L.: C'est sans doute sous le pouvoir de cette idée que vous avez écrit votre dernier livre en roumain, *Bréviaire des vaincus* : le Paris occupé, emblème du déclin, changé en ville du crépuscule.

E. M. C.: Oui, oui, c'est cela, on ne voit ce qu'a été une civilisation qu'au moment où elle commence à glisser vers le non-être...

G.L.: À quel moment avez-vous pénétré dans le milieu intellectuel français ? Sous l'Occupation déjà, je sais que vous fréquentiez les cafés littéraires et les salons.

E. M. C.: Comme vous le savez, Sartre dominait la scène culturelle. Il jouissait d'un énorme prestige – une véritable idole –, y compris après que l'on se fut aperçu à quel point il s'était trompé politiquement. La der-

Camus, un type à la culture d'instituteur...

nière année de la guerre, je me souviens avoir passé un hiver entier au côté de Sartre... il faisait très froid, je passais mes journées au Flore, à Saint-Germain-des-Prés, et par je ne sais quel hasard, je me retrouvais presque chaque jour assis à côté de Sartre. Je n'ai jamais été tenté d'échanger avec lui le moindre propos.

G.L.: Et Camus ? Il paraît que vous l'avez rencontré.

E. M. C.: Oui, une fois. Ça ne s'est pas bien passé. Je l'avais lu et j'avais un certain respect pour lui, surtout parce que le type me paraissait honnête ; je le tenais sinon pour médiocre, pour un auteur de deuxième rang. Il avait lu, chez Gallimard, le manuscrit du *Précis de décomposition*, et me dit la chose suivante : « Maintenant il faut que vous entriez dans la circulation des idées. » Va te faire foutre ! ai-je pensé. Lui, me donner des leçons, vous comprenez, avec sa culture d'instituteur ! Il avait lu quelques écrivains, n'avait pas la moindre trace de culture philosophique et il me disait : « Maintenant... », comme s'il s'adressait à un élève. Je suis parti. Ça a été très humiliant pour moi : me dire que je devais entrer dans la circulation des idées, comme si j'étais un pauvre débutant venu de sa province. Mais vous savez, avec un ton si supérieur :

« Maintenant... » Moi qui avais tout de même lu quelques grands philosophes, recevoir des leçons d'un type à la culture d'instituteur... J'ai aussitôt décidé de me venger.

G.L.: Vous vous êtes vengé ? Qu'avez-vous fait ?

E. M. C.: Je me suis vengé, mais pas tout de suite, et, à la vérité, je n'ai rien fait de spécial. J'ai écrit. Au début, il m'arrivait souvent d'être comparé à Camus. Il était très célèbre, ses livres tiraient à deux cent mille exemplaires... Eh bien ! j'ai réussi à faire en sorte que la critique, quelques années plus tard, me démarque nettement de lui, ce qui, étant donné la célébrité de Camus, n'était pas du tout facile. Voyez, si je peux me féliciter d'une chose, c'est de n'avoir tenu compte de l'avis de personne. Et c'est d'ailleurs le conseil que j'ai donné à tous les écrivains qui m'ont sollicité. Un homme qui ne croit pas en lui-même, qui n'a pas une foi mystique en ce qu'il doit faire, en sa mission, ne doit pas se lancer dans une œuvre. Il ne faut faire confiance à personne, ne croire qu'en soi-même. Autrement, ce n'est pas la peine. Il faut éviter de demander conseil, de consulter qui que ce soit – sauf pour les détails. Cette question-là – « Que dois-je faire, que dois-je faire ? » – n'a aucun sens. La vie et l'œuvre d'un écrivain sont des aventures qu'il doit assumer seul. Je reçois de nombreux manuscrits. Mais ça ne sert à rien. Ou on y croit, ou on n'y croit pas. Si on n'y croit pas, ça n'a pas de sens, ça ne vaut pas la peine, mieux vaut arrêter tout de suite.

G.L.: Sartre, vous n'avez pas voulu le connaître ou essayé de le connaître ; avec Camus, vous avez eu une rencontre ratée. Quels sont les écrivains avec lesquels vous avez noué de véritables liens ?

E. M. C.: Je n'ai pas connu de grands écrivains.

G.L.: Et Beckett ? Michaux ?

E. M. C.: C'est vrai, nous étions amis.

G.L.: Sur quel plan s'est située votre rencontre avec Beckett ? Vous êtes-vous rencontrés par hasard ou une admiration réciproque vous-a-t-elle rapprochés ?

E. M. C.: Oui, il avait lu quelque chose de moi. Nous nous sommes connus lors d'un dîner, après quoi nous sommes devenus amis. À un moment donné, il m'a même aidé financièrement. Vous savez, il m'est très difficile de définir Beckett. Tout le monde se trompe en ce qui le concerne, en particulier les Français. Tous se croyaient obligés de briller devant lui, or Beckett était un homme très simple, qui ne s'attendait pas à ce qu'on lui lance de savoureux paradoxes. Il fallait être très direct, surtout pas prétentieux... J'adorais, chez Beckett, cet air qu'il avait toujours d'être arrivé à Paris la veille, alors qu'il vivait en France depuis vingt-cinq ans. Il n'y avait rien de parisien chez lui. Les Français ne l'ont pas du tout contaminé, ni dans le bon ni dans le mauvais sens. Il donnait toujours l'impression de tomber de la lune. Il pensait s'être un peu francisé, mais ce n'était pas du tout le cas. Ce phénomène de non contamination était ahurissant. Il était resté intégralement anglo-saxon, et cela me plaisait terriblement. Il ne fréquentait pas les cocktails, se sentait mal à l'aise en société, il n'avait pas de conversation, comme on dit. Il n'aimait parler qu'en tête à tête, et il avait alors un charme extraordinaire. Je l'aimais énormément.

G.L.: Et Michaux ?

E. M. C.: Michaux était très différent, c'était un type expansif et incroyablement direct. Nous étions de très bons amis, il m'a même demandé d'être le légataire de son œuvre, mais j'ai refusé. Il était brillant, plein d'esprit et... très méchant.

G.L.: Cela vous plaisait, je crois.

E. M. C.: Oui, oui, j'aimais cela. Il exécutait tout le monde. Michaux est peut-être l'écrivain le plus

intelligent que j'aie connu. Il est curieux comme cet être supérieurement intelligent pouvait avoir des impulsions naïves. Il s'était par exemple mis à rédiger des ouvrages quasi scientifiques sur les drogues, et toutes sortes d'histoires de ce genre. Des bêtises. Et je lui disais : « Vous êtes écrivain, poète, vous n'êtes pas obligé de faire une œuvre scientifique, personne ne la lira. » Il n'a rien voulu savoir. Il s'est obstiné à écrire des volumes entiers de ce genre, et personne ne les a lus. Il a fait une bêtise sans nom. Il était marqué par une sorte de préjugé scientifique. « Ce que les gens attendent de vous, ce n'est pas de la théorie, mais de l'expérience », lui disais-je.

G.L.: À propos de ce que les gens attendent d'un écrivain... Une des choses qui a le plus intrigué vos lecteurs roumains, et, je crois, vos lecteurs en général, concerne votre rapport à la problématique du divin.

Comment expliquez-vous que d'une famille religieuse – votre père était prêtre, votre mère présidente des Femmes orthodoxes de Sibiu – soit sorti un contestataire aux accents blasphématoires ? Dans votre jeunesse, si l'on s'en tient à ce que vous écriviez dans *Des larmes et des saints*, vous rêviez d'embrasser une sainte, vous imaginiez Dieu lui-même dans les bras d'une putain... Que répondez-vous à ceux qui s'indignent de votre côté blasphémateur ?

E. M. C.: C'est une question fort délicate, car j'ai essayé de croire et j'ai beaucoup lu les grands mys-

tiques, que j'admirais à la fois comme écrivains et comme penseurs. Mais, à un moment donné, j'ai pris conscience que je m'illusionnais, que je n'étais pas fait pour la foi. C'est une fatalité, je ne peux me sauver malgré moi. Ça ne marche pas, purement et simplement.

G.L.: Pourquoi n'avoir pas alors déserté ce territoire, pourquoi en êtes-vous resté prisonnier, pourquoi avez-vous continué à nier et à vous confronter avec Dieu ?

E. M. C.: Parce que je n'ai cessé d'être en proie à cette crise, née de mon impuissance à avoir la foi. J'ai essayé à maintes reprises, mais chacune de mes tentatives s'est soldée par un échec. Le plus retentissant a eu lieu lorsque j'étais à Brasov, à l'époque *Des larmes et des saints*. J'ai écrit ce livre truffé d'invectives après avoir beaucoup lu dans le domaine de l'histoire des religions, les mystiques, etc. Le livre devait paraître à Bucarest et un beau jour l'éditeur m'appelle pour me dire : « M'sieur, votre livre ne paraîtra pas. – Comment cela, il ne paraîtra pas ; j'ai corrigé les épreuves ? Il n'y a qu'en Roumanie qu'une chose pareille soit possible. – J'ai lu votre livre, poursuit-il, et le typographe m'a montré un passage. M'sieur, j'ai fait ma fortune avec l'aide de Dieu et je ne peux pas publier votre livre . – Mais c'est un livre profondément religieux, pourquoi ne le publiez-vous pas ? – Pas question. » J'étais très triste car je devais bientôt partir pour la France...

G.L. : Était-ce véritablement un livre religieux ?

E. M. C. : En un sens, oui, bien que par la négation. Je suis donc parti pour Bucarest, très déprimé, et je me souviens m'être installé au café Corso. À un moment donné, j'aperçois un type que je connaissais relativement bien, qui avait été typographe en Russie. Il me voit abattu et me demande : « Que t'arrive-t-il ? » Je le lui explique et il me dit : « Mais, écoute, j'ai une imprimerie. Je te le publie. Amène-moi les épreuves. » J'ai commandé un taxi pour tout transporter. Le livre est sorti lorsque je me trouvais en France et il n'a pratiquement pas été distribué. De Paris, je reçus une lettre de ma mère : « Tu n'as pas idée de la tristesse avec laquelle j'ai lu ton livre. Tu te devais, en l'écrivant, de penser à ton père. » Je lui ai répondu qu'il s'agissait du seul livre d'inspiration mystique qui ait vu le jour dans les Balkans. Je n'ai réussi à convaincre personne, mes parents encore moins que les autres. Une femme dit à ma mère, qui était présidente des Femmes orthodoxes de la ville : « Quand on a un fils qui écrit des choses

C'est une fatalité, je ne peux me sauver malgré moi.

pareilles sur le bon Dieu, on s'abstient de donner des leçons. »

G.L.: Comment vos amis ont-ils réagi ? Et la presse ? Je sais qu'Arsavir Acterian [3] a écrit alors un article très dur dans *Vremea*.

E. M. C.: C'est Eliade qui a écrit les choses les plus dures, mais à l'époque je n'en avais rien su. Je n'ai découvert son article que tout récemment. J'ignore dans quel journal il l'avait publié. Très violent. Il se demandait comment nous pourrions rester amis après cela. J'avais aussi reçu toutes sortes de lettres d'indignation.

G.L.: La seule personne qui ait saisi le sens des tourments où vous vous débattiez dans ce livre fut Jeny Acterian [4], la sœur d'Arsavir.

E. M. C.: Oui, c'est exact. Elle m'a écrit une lettre admirable. Il est vrai que nous nous entendions très bien. De tous mes amis, elle fut *la seule*, mais vraiment la seule, à réagir ainsi. Le livre a fait l'unanimité contre lui. Ce qui m'a ensuite amené à faire une bêtise, car c'est en souvenir de cet épisode que j'ai supprimé, dans la version française, toutes les insolences que comportait le texte initial. En procédant ainsi, je l'ai vidé de sa substance.

G.L.: Mais comment se fait-il que la tentation de la foi soit néanmoins restée intacte, malgré l'effort malheureux entrepris dans *Des larmes et des saints* ?

E. M. C.: La tentation est demeurée constante, mais j'étais déjà trop profondément contaminé par le scepticisme. Du point de vue théorique mais aussi par tempérament. Il n'y a rien à faire, la tentation existe, mais pas plus. Un appel religieux, en fait *mystique* plutôt que religieux, a toujours existé en moi. Il m'est impossible d'avoir la foi, de même qu'il m'est impos-

Jeny Acterian.

---

3. Critique et essayiste, ami d'Eugène Ionesco (N.d.t.).
4. Auteur d'un important journal évoquant la vie intellectuelle de l'entre-deux-guerres (N.d.t.).

sible de ne pas penser à la foi. Mais la négation prend toujours le dessus. Il y a chez moi comme un plaisir négatif et pervers du refus. Je me suis mû toute ma vie entre le besoin de croire et l'impossibilité de croire. C'est la raison pour laquelle les êtres religieux m'ont tant intéressé, les saints, ceux qui ont été jusqu'au bout de leur tentation. Pour ma part, j'ai dû me résigner, car je ne suis décidément pas fait pour croire. Mon tempérament est tel que la négation y a toujours été plus forte que l'affirmation. C'est mon côté démoniaque, si vous voulez. Et c'est aussi pourquoi je n'ai jamais réussi à croire profondément en quoi que ce soit. J'aurais bien voulu, mais je n'ai pas pu. Pourtant... Vous voyez, je vous parlais de la réaction indignée de Mircea Eliade à la publication *Des larmes et des saints*. Or je n'ai jamais cessé de penser que j'étais, religieusement parlant, beaucoup plus avancé que lui. Et ce, depuis le début. Car la religion était pour lui un objet, et non pas une lutte... disons avec Dieu. Selon moi, Eliade n'a jamais été un être religieux. S'il l'avait été, il ne se serait pas occupé de tous ces dieux. Qui possède une sensibilité religieuse ne passe pas sa vie à dénombrer les dieux, à faire leur inventaire. On n'imagine pas un érudit s'agenouiller. J'ai toujours vu dans l'histoire des religions la négation même de la religion. Cela c'est sûr, je ne pense pas me tromper là-dessus.

G.L.: Vous poursuivez aujourd'hui ce dialogue avec les larmes et les saints ?

E. M. C.: Beaucoup moins maintenant.

G.L.: Quel bilan dresser ? Votre ami de jeunesse, Petre Tutea, avec qui je m'entretenais récemment, m'a confié qu'il vous voyait aujourd'hui réconcilié avec l'absolu et avec saint Paul.

E. M. C.: Ce n'est pas sûr. Saint Paul, je l'ai attaqué et dénoncé tant que j'ai pu, et je ne crois pas être en mesure de changer d'avis à son sujet aujourd'hui ;

> *Qui possède une sensibilité religieuse ne passe pas sa vie à dénombrer les dieux, à faire leur inventaire.*

Mircea Eliade.

sauf peut-être pour faire plaisir à Tutea. Je déteste chez saint Paul la dimension politique qu'il a imprimée au christianisme ; il en a fait un phénomène historique, lui enlevant par là tout caractère mystique. Toute ma vie je m'en suis pris à lui, ce n'est pas maintenant que je vais changer. Je regrette simplement de n'avoir pas été un peu plus efficace.

G.L.: Mais, tout de même, comment a pu germer en vous, qui avez été élevé dans une famille religieuse, un tel acharnement ?

E. M. C.: C'était une question d'orgueil, je crois.

G.L.: D'orgueil ? Lié à la relation avec votre père ?

E. M. C.: Non... enfin, je n'étais certes pas heureux que mon père soit prêtre. Une question d'orgueil, au sens où croire en Dieu signifiait pour moi s'humilier. Il y a un côté démoniaque ici, très grave, je sais...

G.L.: Mais à quel moment en avez-vous pris conscience et avez-vous commencé à pouvoir en parler comme vous êtes en train de le faire ?

E. M. C.: Au moment même où j'ai commencé à m'intéresser aux questions mystiques et ce, peut-être sous l'influence de Nae Ionescu, qui donnait un cours sur le mysticisme. C'est alors que je me suis rendu compte que c'était la mystique, et non pas la religion, qui m'intéressait ; la mystique, c'est-à-dire la religion en ses moments d'excès, son côté étrange. La religion comme telle ne m'a pas intéressé, et je me suis aperçu que jamais je ne pourrais m'y convertir. Dans mon cas, c'était l'échec assuré. En revanche, je regrette énormément d'avoir détourné mon frère de cette voie. Il aurait mieux valu qu'il aille dans un monastère plutôt que de faire sept ans de prison et de passer par ce qu'il a vécu. Vous savez à quoi je me réfère ?

G.L.: Plus ou moins. Relu [Aurel Cioran] m'a fait part de...

E. M. C.: La chose s'est passée à Santa, à la montagne, près de Paltinis. Un de nos oncles y possédait une maison. Toute la famille s'y trouvait réunie, et Relu nous a annoncé qu'il voulait entrer dans les ordres. Maman était un peu inquiète. Nous avons dîné tous ensemble, puis Relu et moi sommes sortis nous promener. Je lui ai parlé jusqu'à six heures du matin pour le convaincre de revenir sur sa décision. Je lui ai exposé une incroyable théorie anti-religieuse, j'ai sorti tout ce que j'ai pu – recourant à des arguments cyniques, philosophiques, éthiques... Tout ce que j'ai pu trouver contre la religion, contre la foi, tout mon nietzschéisme imbécile de l'époque, tout y est passé – vous comprenez ? –, vraiment tout ce que je pouvais étaler à l'encontre de cette immense illusion, j'ai tout dit. Et j'ai conclu par ces mots : « Si, après  avoir entendu mes arguments, tu persistes dans l'idée de devenir moine, je ne t'adresserai plus jamais la parole. »

G.L.: Mais pourquoi un tel acharnement et un tel chantage, au fond ?

E. M. C.: C'était une question d'orgueil : moi qui m'occupais de mystique, moi qui avais compris, ne pas être en mesure de le faire céder ? « Si j'ai échoué à te convaincre, lui ai-je dit, cela signifie que nous n'avons rien en commun. » Tout ce qui était impur en moi s'est manifesté à cette occasion.

G.L.: Vous étiez vraiment démoniaque. Aviez-vous le droit de lui forcer la main de cette façon ?

E. M. C.: Non, bien sûr que non. J'aurais par exemple pu me contenter de lui dire que cela n'avait pas de sens... mais l'acharnement que j'ai mis à vouloir le persuader était véritablement démoniaque. En cette nuit splendide, j'avais l'impression que se livrait un combat entre Dieu et moi-même. Bien sûr, j'avançais aussi que vouloir mener une authentique vie monastique en Roumanie était d'emblée compromis, que ce ne pouvait être qu'une escroquerie. Mais mes principaux arguments étaient sérieux, d'ordre philosophique. Ce que j'ai fait là m'a paru plus tard d'une extraordinaire cruauté. Par la suite, je me suis senti d'une certaine manière responsable du destin de mon frère, qui fut tragique.

G.L.: Vous avez parlé de cruauté. Celle-ci se trouve en fait chez vous étroitement associée à la sincérité. Combien d'hommes peuvent se permettre d'atteindre ce degré de sincérité, si dur à supporter pour les autres. Où en arriverait-on si chacun cultivait cette sincérité qui vous caractérise ?

E. M. C.: Je crois que la société en viendrait à se désagréger. C'est difficile à dire. Sans doute les sociétés décadentes pratiquent-elles la sincérité jusqu'à l'excès.

G.L.: Mais qu'est-ce qui vous pousse à dire des choses que les gens savent pertinemment, mais qu'ils se refusent, par pudeur peut-être, à exprimer ? Nous savons tous que le roi est nu, que nous allons mourir, que l'horreur, la maladie, la misère morale existent. Mais pourquoi transformer le négatif, le macabre, en débouché de votre sincérité ?

E. M. C.: Mais ce n'est pas macabre, c'est notre quotidienneté même. Tout dépend ensuite de la façon

Je réagis devant la vie comme un ivrogne sans alcool.

dont on l'exprime, de l'endroit où on met l'accent. Le côté tragique de la vie est tout à la fois comique et si l'on a surtout en vue ce côté comique... Regardez les ivrognes, qui sont totalement sincères : leur comportement ne fait jamais que commenter cette question. Je réagis devant la vie comme un ivrogne sans alcool. Ce qui m'a sauvé, pour le dire vulgairement, ce fut ma soif de vivre, une soif qui m'a maintenu et m'a permis de vaincre malgré tout mon cafard...

G.L.: L'ennui.

E. M. C.: Oui, l'ennui, l'expérience qui m'est la plus familière, mon côté morbide. Cette expérience presque romantique de l'ennui m'a accompagné toute ma vie. J'ai beaucoup voyagé, j'ai tout vu en Europe.

Partout où je suis allé, j'ai été saisi d'un immense enthousiasme ; et puis le lendemain, l'ennui. Chaque fois que je visitais un endroit, je me disais que c'était là que j'aurais voulu vivre. Et puis le lendemain... ce mal qui me possède a fini par m'obséder.

G.L.: Oui, mais vous avez aussi connu l'enthousiasme, le positif de la vie, il vous est arrivé de croire en quelque chose. Lorsque vous êtes tombé amoureux, vous avez écrit à Noïca, au dos d'une carte postale :

« La gloire entre quatre murs surpasse la magnificence des empires. »

E. M. C.: L'amour était certes une expérience nécessaire. Et, à ma grande surprise, je suis passé par elle. Mais elle n'a résolu aucun de mes problèmes.

G.L.: Je voulais simplement dire que la vie offre des arguments jouant en faveur de son côté positif comme de son côté négatif, en sorte qu'aucune de ces deux options n'apparaît d'emblée nécessaire ou fondée.

E. M. C.: Je vous explique : quand j'ai commencé

à prendre conscience d'un certain nombre de choses, le négatif s'était déjà installé en moi.

G.L.: On peut toutefois vous reprocher un décalage entre ce que vous faites et ce que vous déclarez : vous pestez contre la vie mais vous prenez excessivement soin de votre santé ; vous n'avez eu de cesse de faire l'éloge du suicide, or vous vous trouvez toujours parmi nous.

E. M. C.: Je n'ai jamais dit qu'il fallait se suicider ; j'ai simplement dit que seule *l'idée* du suicide pouvait nous aider à supporter la vie. L'idée qu'il soit à portée de notre main de mettre fin à nos jours, que nous puissions à tout moment nous suicider si nous le voulons peut représenter un énorme soulagement. Du moins cette perspective m'a-t-elle personnellement beaucoup aidé et j'ai exposé ce raisonnement à tous ceux qui m'ont déclaré vouloir se tuer. Parce que vous savez, à Paris, la tentation du suicide est un phénomène assez courant. Écoutez, il y a quelques années, un type, un ingénieur, relativement jeune, est venu me voir. Il avait lu mes histoires sur le suicide et voulait en finir. Pendant trois heures, nous nous sommes promenés au Luxembourg. Et je lui ai expliqué que le suicide, que l'idée du suicide est une idée positive dans la mesure où elle rend la vie supportable.

G.L.: Elle offre la perspective d'un suprême refuge.

E. M. C.: On prend conscience qu'on n'est pas seulement victime, qu'on peut en dernier ressort disposer de soi, et qu'en ce sens on est maître de sa vie. « Vous qui avez vingt-six ans, lui ai-je dit, et qui gagnez très bien votre vie – il s'agissait d'un garçon très compétent – vous avez tout le temps de souffrir. Tâchez donc d'endurer tout ce que vous pouvez endurer, et si vous constatez à un moment donné que l'idée du suicide ne vous est plus d'aucun secours, alors terminez-en ! » Trois ans plus tard, je le croise, et il me dit : « J'ai suivi votre conseil et, voyez, je suis toujours en vie. – Parfait, continuez comme ça ! » Comprenez-vous le raisonnement ? Je n'ai jamais incité personne au suicide. Il m'est arrivé une seule fois de faire une chose assez stupide, au point que j'hésite à vous la raconter. Enfin... Cela se passait pendant la guerre, et j'avais fait la connaissance d'une femme très riche et très belle. À un moment donné, je me suis livré, en sa présence, à certaines considérations sur le thème du suicide – de l'inutilité de la vie, etc. « J'aimerais que vous veniez avec moi, me dit-elle alors, car j'ai une amie qui voudrait se suicider. Si vous pouviez lui parler... » Pour rendre service à cette dame – la vérité est qu'elle me

Seule l'idée du suicide pouvait nous aider à supporter la vie.

> *La mort m'a intéressé dans la mesure où elle conclut l'histoire d'une folie.*

plaisait bien – j'ai accepté, et nous sommes donc allés voir la femme au suicide. Je lui ai dit : « Vous avez bien raison de vouloir vous suicider, au fond c'est la solution, la seule à vrai dire, à quoi bon vous obstiner à vivre », et ainsi de suite. Il s'est alors produit une chose extrêmement intéressante. La femme en question, celle avec son suicide, se retourne vers son amie et lui dit : « Ce monsieur, je ne le connais pas. Qu'il m'ait poussée au suicide, ça le regarde. Mais que toi, mon amie, tu me l'amènes ici pour... Eh bien, je ne me suicide plus ! Et quoi qu'il en soit, c'en est fini de notre amitié ! »

Vous voyez, ces choses-là sont très compliquées, elles reposent bien souvent sur de faux sentiments. Je crois cependant tout à fait valable ma théorie selon laquelle on ne peut vivre sans l'idée du suicide. À l'exception de Werther, personne ne s'est jamais suicidé avec cette idée-là en tête. Je vous raconte encore une chose. Pendant des années, j'ai connu un type, un fonctionnaire des Postes, qui occupait des fonctions importantes mais qui était plutôt fou. Il venait souvent me voir ; le suicide l'obsédait. Un jour, il me dit la chose suivante : « Avant-hier, j'ai tenté de me suicider, mais, subitement, je me suis aperçu que j'avais les pieds sales. – Je ne comprends pas, lui ai-je répondu. – Ben oui ! je me suis dit que je ne pouvais tout de même pas me suicider avec les pieds sales. – Mais qu'est-ce que ça pouvait bien vous faire d'avoir les pieds sales ou pas ? – Ah ! non, en aucun cas je ne me suiciderais avec les pieds sales. » À partir de là, toute une discussion s'est engagée... Le type a fini par se suicider, mais cette histoire-là a quelque chose d'extraordinaire. Il avait toutes les raisons de se tuer. Vous comprenez – il m'avait raconté sa vie, etc. – mais il tenait à tout prix à son histoire de pieds : « J'étais sur le point de... mais quand j'ai vu mes pieds... » Voyez quels détails grotesques ou comiques peuvent s'associer à l'idée du suicide.

G.L.: Toute votre vie vous avez écrit sur le thème de la mort. Votre rencontre avec la mort s'en trouve-t-elle facilitée ?

E. M. C.: Pour moi, l'obsession de la mort n'a rien à voir avec la peur de la mort. La mort m'a intéressé dans la mesure où elle conclut l'histoire d'une folie. Je veux dire par là que la mort est une obsession légitime, elle ne constitue pas un problème parmi d'autres, mais bien le problème, le problème par excellence. En premier lieu, il ne s'agit pas d'un problème que l'on pourrait résoudre et classer. Ensuite, elle ne se situe pas au même plan que les autres, elle les annule tous. Impossible de se dire : « Voilà, maintenant, je vais penser à la mort, après quoi je réfléchirai à autre chose. » Ou bien on y pense tout le temps, ou bien on n'y pense pas du tout.

G.L.: Mais vous estimez-vous mieux préparé à la mort qu'un autre ?

E. M. C.: Absolument pas. Comme je vous le

La mort est un problème infini qui justifie tout.

disais, il s'agit là d'un problème insoluble auquel chacun réagit comme il peut. Le fait de mourir devient secondaire par rapport à l'intérêt qu'il présente du point de vue de la vie. Ce qui est extraordinaire, c'est que l'idée de la mort justifie n'importe quelle attitude ; elle peut être invoquée et peut servir à propos de tout, elle peut justifier l'efficacité aussi bien que l'inefficacité. On peut aussi bien se dire : « À quoi bon réaliser quoi que ce soit, se démener, puisque, de toute façon, je vais mourir » ou au contraire : « Parce que mon temps est compté, je dois à tout prix me dépêcher de faire quelque chose de ma vie. » Justement parce qu'il s'agit d'un problème sans solution, la mort nous autorise n'importe quelle attitude et nous sert dans tous les moments essentiels de la vie. L'ivrogne de Rasinari dont je vous parlais, qui pendant deux ans s'est soûlé du matin au soir... lui aussi parlait à sa manière de la mort, et *à sa manière* il avait raison. La mort est un problème infini qui justifie tout.

G.L.: Et vous-même, qu'avez-vous justifié en son nom ?

E. M. C.: Je vous l'ai dit : la liberté, ne pas avoir d'obligations, de responsabilités, ne faire que ce que je veux, n'avoir pas d'emploi du temps, n'écrire que sur des choses qui m'intéressent. Et n'avoir pas d'autres buts que ceux-là.

G.L.: Est-ce l'unique réussite dont vous vous félicitiez ? N'avoir fait que ce que vous avez voulu ?

E. M. C.: Ce n'est déjà pas mal !

G.L.: Voudriez-vous revoir Rasinari ? Vous allez revenir ?

E. M. C.: Je ne sais pas, je ne peux pas vous dire. Je crains de revoir les lieux qui ont trop compté dans ma vie. J'ai été trop heureux dans ce village. Je crains de réinvestir le paradis.

Les continents de l'insomnie

REMERCIEMENTS

JE TIENS À REMERCIER AUREL CIORAN, LE FRÈRE D'E. M. CIORAN, QUI A GÉNÉREUSEMENT MIS À MA DISPOSITION L'ENSEMBLE DES DOCUMENTS (CORRESPONDANCE, MANUSCRITS, PHOTOGRAPHIES, COUPURES DE PRESSE, ETC.) ISSUS DES ARCHIVES DE LA FAMILLE CIORAN À SIBIU.

JE DOIS UNE RECONNAISSANCE PARTICULIÈRE À ANTOINE GALLIMARD ET À SES COLLABORATEURS POUR LEUR COMPRÉHENSION ET LEUR SOUTIEN.

MES REMERCIEMENTS VONT AUSSI À ALEXANDRA LAIGNEL-LAVASTINE QUI, PAR SON EXCELLENTE CONNAISSANCE DE L'ŒUVRE DE CIORAN ET DE L'HISTOIRE INTELLECTUELLE DE LA ROUMANIE DE L'ENTRE-DEUX-GUERRES, M'A FAIT PART DE PRÉCIEUSES SUGGESTIONS AU COURS DE L'ÉLABORATION DE CE TRAVAIL.

CET OUVRAGE DOIT BEAUCOUP À SORIN ILIESU ET MIHAI OROVEANU, POUR L'IMPORTANT COMPLÉMENT ICONOGRAPHIQUE QU'ILS LUI ONT APPORTÉ, ET À LA PATIENCE DE MICHEL GOURTAY, VENU TOUT SPÉCIALEMENT À BUCAREST POUR SUPERVISER L'INVENTAIRE DES DOCUMENTS.

ENFIN, JE N'OUBLIE PAS MON AMI SORIN VIERU, QUI A EU L'INSPIRATION DU TITRE DE CE LIVRE.

LES ÉLÉMENTS DE CE LIVRE GISAIENT DEPUIS PLUSIEURS ANNÉES AU FOND DE MES TIROIRS. C'EST À YVES MICHALON, MON PREMIER ÉDITEUR EN FRANCE, QUE REVIENT LE MÉRITE DE M'AVOIR ARRACHÉ À MON INERTIE ET, PAR SA PERSÉVÉRANCE, D'AVOIR FINALEMENT DONNÉ CORPS À CE VOLUME.

G. L.

© Archives Aurel Cioran (photographies et documents) :
p. 8, 9, 10, 11, 12, 18, 20, 22, 24, 25, 26, 27, 28, 32, 33, 34, 37, 38, 39, 40, 41, 42, 43, 44,
45, 46, 47, 48, 51, 60, 62, 79 (D.R.).
© Archives nationales roumaines du film : p. 36.
© Cosmin Bumbut : p. 16, 17, 20, 21, 27, 28, 92, 93.
© Editions Humanitas : p. 29, 30, 31, 36, 96, 99, 128, 129.
© Sorin Iliesu (photographies de E. M. Cioran illustrant « Les continents de l'insomnie »). 1990
© Agence Keystone : p. 64, 112.
© J. L. Manaud : p. 67
© Louis Monier : p. 76.
© Mihai Oroveanu : p. 13, 19, 23, 35, 97.
© Editions Plasma : p. 31.
© Agence Roger Viollet : p. 49.
Photographies de Rasinari, Sibiu et Brasov : 1990.